Gründer
Zeiten

Philipp Herrmann
Christian Lüdtke

GRÜNDER
Menschen. Ideen. Unternehmungen.
ZEITEN

Inhaltsverzeichnis

Vorwort

Nur wer wagt, gewinnt. Inmitten einer von Umbruch und Volatilität gekennzeichneten Gegenwart ein Buch über Gründer-Zeiten vorzulegen, folgt einem Grundprinzip unternehmerischen Denkens und Handelns: inmitten von Krisen und Zeitenwenden das Neue zu wagen, Zukunftsweisendes zu initiieren. Dieses Buch soll eine Art Wegbegleiter auf dieser herausfordernden Reise in die Gründerwelten von morgen sein, befragt es doch ausgewiesene Expertinnen und Experten der Transformation, die mit ihrem unternehmerischen Erfahrungs- und Handlungswissen, ihren unterschiedlichen Biografien und disziplinären Perspektiven Orientierung bieten.

Diese ebenso persönlichen wie verallgemeinerbaren Gründer- und Gründungsgeschichten sind eingebettet in einen kleinen historischen Abriss zu den epochemachenden Gründerzeiten und den eigenen Zukunftsgeschichten, die untrennbar mit Bryck, der RAG-Stiftung, den drei großen Universitäten und den Unternehmen des Ruhrgebiets verknüpft sind. Denn gerade jetzt braucht der Standort Deutschland wissens- und forschungsbasierte Start-ups, Ideen, Konzepte, Strategien, die im globalen Wettbewerb mit eigenen Ökosystemen Maßstäbe setzen, indem sie gesellschaftlich-ökologischen Nutzen mit ökonomischer Wertschöpfung zu verbinden wissen. Das ist eine große Aufgabe, die Theorie und Praxis, Tradition und Innovation, Forscherdrang und Unternehmergeist in lernenden Organisationen zusammenbringt. Diesem Anliegen fühlen sich Autoren und Buch nachhaltig verpflichtet.

Gründerzeiten, Gründernaturen, Gründerwelten

Eine kleine Wirtschafts- und Kulturgeschichte zur Einstimmung

Das Wort klingt wie eine Verheißung, mit ihm verbinden sich Hoffnungen, Erwartungen, Perspektiven, es scheint der erste Schritt in eine bessere, lebenswerte Zukunft: GRÜNDEN. Fürs Gründen braucht es Gründer, die eine Gründungswelle initiieren und damit Gründer-Zeiten schaffen. Bereits die Herkunftsgeschichte des Wortes aus dem Althochdeutschen „grunten", „ergründen", und „grunt", „Grund", „Begründung" verweist auf das dem Gründen innewohnende Wechselspiel von festem Grund und fluider, prozesshafter Entwicklung. Und vor allem bedeutet es ein Beginnen, einen Anfang – und dem wohnt ja bekanntlich immer ein Zauber inne.

Gründen gehört zur Menschheitsgeschichte: Reiche, Städte, Institutionen, Unternehmungen. Wo Menschen agieren – politisch, sozial, ökonomisch –, wurde gegründet. Aber Gründer-Zeiten als epochales, kollektives wirtschaftliches Ereignis sind ein Phänomen des 19. Jahrhunderts. Denn Gründer-Zeiten brauchen Frei- und Spielräume: Gewerbefreiheit, soziale Mobilität, technologische Dauerinnovation durch zunehmend institutionalisierte Forschung, unternehmerischen Geist und Drang – und nicht zuletzt gesellschaftlich-politische Rahmenbedingungen, die all dies zulassen und fördern. Es ist deshalb kein Zufall, dass die zweite Hälfte des 19. Jahrhunderts in Westeuropa – mit Großbritannien als Vorreiter und Vorbild –, Deutschland sowie den noch jungen Vereinigten Staaten von Amerika unter den Vorzeichen eines modernen Industriekapitalismus zu Gründer-Zeiten von bisher unbekannter Dimension und Wandlungsdynamik aufsteigen. Die Revolutionen (Frankreich, USA, Juli- und Märzrevolutionen in Europa) und (Bürger-)Kriege sind beendet, ein neuer „Realismus" hält Einzug. Die gesellschaftlich-wirtschaftliche Transformation hin zum bürgerlichen Zeitalter ist vollzogen, und die technologischen Errungenschaften (Dampfmaschine, Eisenbahn, Rohstoffgewinnung und -abbau, Medien/Kommunikation) sind konzertiert im Einsatz und verändern radikal Arbeit, Leben, Umwelt. Das schöpferische und soziale Individuum, die postfeudale Klassengesellschaft setzen Ideen, Pioniergeist, Triebkräfte und Erfindungen frei, die alles „neu", „modern" werden lassen. Der unternehmerische Mensch als Erfinder, Gründer, Gestalter, Organisator, Kommunikator avanciert zur Schlüsselfigur im unaufhaltsamen ‚Projekt der Moderne'. Neben den Künstlern und Regenten sind es die großen Unternehmerpersönlichkeiten von Krupp bis Siemens, von Henschel bis Thyssen, von Haniel bis Rathenau, die der Gründerzeit ihren Stempel aufdrücken, ihr Kontur und Richtung geben.

Das sind bis heute die Grundmuster und -konstellationen, das ist die Blaupause von Gründer-Zeiten, das sind die Konstanten in wechselnden Zeitläuften. Was heißt das nun konkret, welche Prozesse und Realitäten verbergen sich dahinter?

Gründerzeit und Gründerjahre, wie sie seit der zweiten Hälfte des 19. Jahrhunderts als Epochenbegriff und Schlagwort geläufig sind, folgen ihren ganz spezifischen Regeln wie zyklischen Verlaufsformen und haben besondere Charakteristika und Amplituden. Gründerzeiten sind gekennzeichnet durch Gegensatzpaare wie Aufschwung und Krise, Rausch und Depression, Verheißung und Ernüchterung, Innovation und Konsolidierung, Schöpfertum und Zerstörung. Das verbindet zutiefst die beiden großen Gründerzeiten – die der „Old Economy" des 19. Jahrhunderts mit der „New Economy" des späten 20. Jahrhunderts. Ein Vergleich lohnt, geht es doch um das Wechselspiel von Kontinuität und Disruption, also die „Herkunftsgeschichten" in den „Zukunftsgeschichten" (Odo Marquard), ohne die es kein tieferes Verständnis für das jeweilig „Neue" geben kann. Jeder Gründer-Zeit eng verwandt sind Vorstellungen und Sehnsüchte eines „Goldenen Zeitalters", eines „Gilded Age", wie die USA ihre Gründerzeit nach dem Ende des Sezessionskriegs bezeichnenderweise nennen. Ohne den Traum von Reichtum und Wohlstand für viele, ohne die Hoffnung auf ein besseres Leben für möglichst alle gibt es keine Gründer-Zeiten, keine „Belle Epoque", wie es bei den Franzosen so elegant heißt.

Gründer-Zeiten sind also Umbruchzeiten. Mit gesellschaftlichen, wirtschaftlich-technologischen und geopolitischen Umbrüchen verbinden sich immer auch Aufbrüche – in eine neue, veränderte Zeit. Erst im Rückblick beginnen sich die umwälzenden Prozesse in ihren Verläufen, „Logiken" und Konsequenzen zu ordnen, erst im Nachhinein scheint alles klar und schlüssig. Wer mittendrin in Gründer-Zeiten sein Glück sucht und unternehmerisch zu agieren beginnt, ringt um Orientierung, kämpft mit Risiken, schwer kalkulierbaren Entscheidungen, sehnt sich nach Erfolg, Stabilität und Zukunftsgewissheit. Das Janusgesicht ist jeder Gründer-Zeit eigen.

Wer sich die erste Epoche, die als Gründerzeit etikettiert wird und die in der Langversion den Zeitraum von der gescheiterten 1848er Revolution bis zur Jahrhundertwende um 1900 umfasst, sieht sich mit den bahnbrechenden Errungenschaften der ‚Zweiten Moderne' wie Montanindustrie (Kohle, Eisen, Stahl), Mobilität (Eisenbahn, Automobil), Kommunikation (Telegramm, Telefon), Massenmedien (Schnellpresse, Fotografie, Film) konfrontiert. Alles wird schneller, radikal neu oder anders. Der Lebensrhythmus, die Produktion und Distribution, die Physiognomie der Umwelt, die alltägliche Wahrnehmung verändern sich in immer dynamischeren Intervallen. Die transformierte Lebenswelt stellt höchste Anforderungen an Anpassungsfähigkeit, Flexibilität und Robustheit, und vielfach stellt sie eine Überforderung dar. Zugleich verbinden sich mit Gründer-Zeiten Zukunftsorientierung und Fortschrittsglaube, Träume und Hoffnungen vom wachsenden Wohlstand, individuellem Glück. Die Gründerzeit im engeren Verständnis, in Deutschland die 1860er und frühen 1870er Jahre offenbart aber auch die andere Seite: Krieg, soziale Not, Ausbeutung, Spekulation, Imperialismus, Kolonialismus, zügellose und kriminelle Gier, Börsenkrach, Depression. Diese Einbrüche gehören dazu, sie sind notwendige Korrektive auf dem Weg in eine nachhaltige neue Epoche. Und diese originäre Gründerzeit weist ein politisches Alleinstellungsmerkmal auf. Sie ist auf ihrem ersten Höhepunkt untrennbar mit der deutschen „Reichsgründung" von 1871 verbunden. Das bedeutet auch, dass die Reparationszahlungen aus Frankreich nach dem gewonnenen Krieg die vorhandene ökonomische Dynamik zusätzlich auf- und schließlich überheizen.

Gründer-Zeiten sind von Anbeginn technologiegetrieben, ihre Dynamik, ihr Innovationspotential hat struktur- und wirtschaftspolitische und letztlich gesellschaftspolitische Konsequenzen. Das spiegelt das Ruhrgebiet in der zweiten Hälfte des 19. Jahrhunderts ebenso wider wie etwa der parallele Aufstieg Berlins zur Metropole. Technologischer Fortschritt revolutioniert die Kohleerschließung und -verarbeitung, die Eisen- und Stahlproduktion. Immer neue Gründungswellen, die auch von zyklischen Krisen nicht nachhaltig gestoppt werden, lassen das Ruhrgebiet als Zentrum der Montanindustrie binnen 50 Jahren zur größten Industrielandschaft Europas aufsteigen. Berlin als neue deutsche Hauptstadt wird nach der Reichsgründung zur am schnellsten wachsenden Stadt der Welt. Hier sind es neben der Schwerindustrie vor allem die zukunftsweisenden Industrien Mobilität, Kommunikation, Elektroenergie, die Furore machen. Zuwanderung, Erfindergeist, Forschung, Beschleunigung, Wachstum, Kapitalströme, Verdichtung, sozialer Aufstieg sind die Kennmarken der Gründerzeit und fortan der zukünftigen Gründer-Zeiten.

Das ist auch über 100 Jahre später nicht viel anders, als die Boomphase der „New Economy" ein neues Zeitalter einzuläuten beginnt, das, ähnlich wie im Kaiserreich 1873, um 2000 mit einem großen Knall, Börsenturbulenzen und Insolvenzen zunächst unterbrochen wird, um aus der geplatzten Blase wenige Jahre später den unaufhaltsamen Siegeszug des „smarten" Kapitalismus, des digitalen Zeitalters fortzusetzen. Auch in den 1990er Jahren verbinden sich in fiebriger Erwartung und rauschhafter Spekulation Erfindergeist, Risikobereitschaft, schnelle Wachstums- und hohe Gewinnerwartungen. Statt großer Konzerne und Kartelle wie in der ersten Gründerzeit sind es jetzt aber die kleinen Start-ups aus der „Garage“, die kein „Goldenes Zeitalter“, aber ein Better Life, eine neue globale Kultur von Kommunikation, Information und Distribution („Whole Earth“) begründen werden. Auch zur Jahrtausendwende geht alles von einer bahnbrechenden Technologie aus, deren Umsetzung zwar – so will es die Mythenbildung – aus der Garage kommt, entwickelt wird sie aber in den Forschungsinstituten der Universitäten. Wie keine andere, steht die Stanford University als Labor, Inkubator und Akzelerator für die neue Start-up-Kultur der 1990er Jahre. Kein Silicon Valley ohne Stanford, wo Vieles und Entscheidendes seinen Ausgang nahm und nimmt. Es ist anfangs das Forschungsgeld der großen Militärprojekte des Kalten Kriegs gepaart mit dem kreativen Freiheits- und Selbstverwirklichungsdrang der Hippie-Ära, die hier eine perfekte Synthese von Kapital und Counter Culture eingehen, die einen „Mentalitätsraum“ schaffen, in dem die richtigen Personen zur richtigen Zeit zusammentreffen. Ohne die kulturelle Revolution der 1960er Jahre mit ihrer „Sharing-“, „Connecting-“, „DIY-“ und „Community-“ Philosophie keine kalifornische Tech-Ideologie von heute.

Wie die pompöse Fassaden- und Repräsentationskultur der ersten Gründerzeit Architektur, Interieur und den Lebensstil prägte, so hat das Silicon Valley noch umfassender und bahnbrechender Lebens- und Arbeitswelten, Habitus, Mode und soziale Verkehrsformen „designt“. Neue Arbeitswelten und Arbeitsweisen etablieren sich global, im „smarten“ oder auch „ästhetischen Kapitalismus“ (Andreas Reckwitz) der „Creative Industries“ manifestiert sich die Verschmelzung von Technologie, Kultur und Wissen. Zum Sinnbild dieser zweiten Gründerzeit wird der „Kreative“ – ob als Nerd, Hipster, Forscher oder „Hacker“.

Wenn 1912 Werner Sombart in seiner epochemachenden „Geistesgeschichte des modernen Wirtschaftsmenschen“ – „Der Bourgeois“ – eine Charakterstudie, einen Eigenschaftskatalog zeitgenössischer „Unternehmernaturen“ entwirft, so liest sich das wie eine vorweggenommene Hommage für die Gründerstars des späten 20. Jahrhunderts. Sombart subsumiert unter drei Adjektiven – „gescheit“, „klug“ und „geistvoll“ – das Mythen- und Selbstzuschreibungs-Repertoire des Kalifornischen Denkens unserer Zeit: „reich an Ideen und Einfällen“, „rasche Orientierungsfähigkeit“, Voluntarismus, „Gespür für den Augenblick“, aufs Wesentliche und Ganze zielend, Unbedingtheit im Handeln, „menschen- und weltkundig“, „wagemutig-kühn“. Verkörpert von drei Grundtypen: „Eroberer“, „Organisator“, „Händler“. Diese Unternehmens- und Gründernarrative grenzt Sombart entschieden von den „Bürgernaturen“ ab, weisen die Unternehmer doch in ihrer Risikobereitschaft, ihrem „Eroberungsdrang“, ihrer unternehmerischen Obsession eine ganz andere „Disposition“ als der „Normalbürger“ auf, kommen damit dem genialischen Künstler näher, ohne mit ihm identisch zu sein. Das Silicon Valley erweitert Sombarts

Charakterologie popkulturell mit einem Hauch von Underground: die kleinen, kreativen Start-ups im Kampf mit den etablierten Giganten der „Old Economy"; das wird die „große Erzählung" in den Transformationsjahrzehnten ab den 1980er Jahren. Wie die Geschichte weitergeht, wie sich die genialisch-exzentrischen jungen Außenseiter und Tüftler in die „Masters of the Universe" verwandeln, gehört zu den märchenhaft-wahren Erfolgsgeschichten der Moderne.

Und heute? Die Konstellationen und Koordinaten sind vertraut: der nächste, gänzlich KI-basierte technologische Schub ist da. Das noch junge digitale Zeitalter steht bereits an einem neuen Wendepunkt, der das Verhältnis von Mensch und Maschine, analoger und virtueller Realität, von Arbeit und Leben aufs Neue fundamental und schnell verändert. Und: Die geopolitischen Umbrüche und Verwerfungen, die volatilen, unsicheren und komplexen Verhältnisse erfordern Umdenken und unternehmerisches Handeln. Krise und Erwartung, lebensweltlicher Gewinn und Verlust halten sich wie stets die Waage – kurzum: Die Zeitenwende ist da mit ihren Risiken und Chancen, ihrem Innovationsdruck und -potential. Die dritte Gründerzeit der neuen 2020er Jahre vollzieht sich im Zeichen von Pandemie, Kriegen, ökologischen und wirtschaftlichen Herausforderungen bisher unbekannten Ausmaßes. Silicon Valley ist nun überall, die neue Macht der technologisch-kulturell getriebenen Ökosysteme wird global sichtbar. Die Fusion von Wissenschaft, Forschung und skalierter ökonomischer Verwertung schafft eine neue Qualität des Gründers, erfordert einen neuen Typus des Homo oeconomicus, der nicht mehr aus der Garage, sondern aus dem wissensbasierten Reallabor kommt.

Zugleich existiert – gerade in Deutschland – eine breite, exzellente universitäre und außeruniversitäre Wissenschafts- und Forschungslandschaft. Das ist und bleibt in der Gegenwart wie Zukunft die Voraussetzung und Basis einer vorrangig wissensbasierten, forschungsintensiven Gründerzeit. Mehr denn je bedeutet das ein Zusammenspiel von staatlich geförderter Wissenschaft und marktwirtschaftlich-unternehmerischem Engagement. Die Mythen bleiben und stimulieren, die praktische Umsetzung im harten internationalen Wettbewerb folgt eher prosaischen Logiken. Die delikate Balance aus Bildung, Förderung, Mentoring und einem frei flottierenden Unternehmungsgeist mit entsprechenden Spielräumen ist ein Charakteristikum dieser dritten Gründerzeit der 2020er Jahre. Die alten „Tugenden" und Eigenschaften sind nicht obsolet, nehmen aber inmitten eines anderen Zeitgeists eine neue Gestalt oder ziehen zumindest ein neues Kostüm an. Während noch die kraftmeierischen „Genies" der Silicon-Valley-Gründergeneration nach der Weltherrschaft streben, sich den politischen Mächten andienen, beginnt sich der postmoderne Gründertypus der vielbeschworenen Generation Z ganz anders und eigenständig zu etablieren: akademisch, mehr werte- als machtbewusst, D-E-I-orientiert, ambitioniert in der Sache, weniger obsessiv in Bezug auf Business und

„Gier“. Diese neuen, anderen Gründernaturen der Gegenwart brauchen deshalb die Rahmenbedingungen und persönliche Unterstützung, in denen sie ihr Talent und ihren Unternehmungsgeist vollgültig entfalten und dem wachsenden Leistungsdruck standhalten können.

Um das wird es im Folgenden gehen, wenn Expertinnen und Experten unterschiedlicher Generationen und Disziplinen mit ihrem vielfältigen Erfahrungs- und Handlungswissen Gegenwart und Zukunft der aktuellen Gründerzeit analysieren und reflektieren. Jenseits von Studien und Statistiken vermessen sie mit ihrer individuellen Expertise die Felder aktueller Entwicklungen, benennen die Defizite und Desiderate, um schließlich nationale wie europäische Perspektiven einer nachhaltigen Gründerzeit aufzuzeigen. Denn das bestimmt auf dem Weg zum Erfolg, bei aller Unterschiedlichkeit, auch diese dritte Gründerzeit: extremer Wettbewerb, Bestenauslese, Leistungswille. Weniger denn je wartet in der geopolitisch sich rapide wandelnden Welt irgendjemand auf irgendetwas.

Gründer – Zeiten – Unternehmungen heute

Gisbert Rühl

Entrepreneur und Investor, steht als ehemaliger CEO der Klöckner & Co SE beispielhaft für die digitale Transformation und Integration in die Welt der „Old Economy". Mit dem vielfältigen Erfahrungs- und Handlungswissen aus dieser herausfordernden Umbruchszeit engagiert er sich heute als Investor und Ratgeber im Start-up-Bereich mit dem Schwerpunkt Energieeffizienz. Zugleich verkörpert er den Brückenschlag der Generationen, das produktive Engagement und Miteinander an den Schnittstellen von Forschung und Gründung und „Übersetzung in die Praxis".

„

Ich würde mir wünschen, dass wir noch radikaler denken und handeln.

Herr Rühl, über das Unternehmersein und Unternehmertum wird in Deutschland wieder verstärkt diskutiert. Sie sind über Jahrzehnte hinweg unternehmerisch tätig. Was hat Sie geprägt auf diesem Weg? Und wie fing es an?

Geboren bin ich im Ruhrgebiet, aufgewachsen und zur Schule gegangen in Norddeutschland, in Bremen. Mein Vater verstarb früh. Es war eine schwierige Zeit. Nach der zehnten Klasse bin ich erst einmal von der Schule gegangen, arbeitete eine Zeit lang auf dem Bau. Ich kenne also das Leben von der Basis her, als Arbeitsmann. Das füllte mich natürlich nicht aus, also besuchte ich wieder die Schule, holte mein Abitur nach, studierte Wirtschaftsingenieurwesen in Hamburg. Anschließend begann ich, ein sehr typischer Weg, in der Unternehmensberatung, bei Roland Berger. Später wechselte ich zu Matuschka Capital, um dort schon sehr früh im Leverage-Buyout-Bereich oder wie man es heute nennt Private Equity-Bereich tätig zu sein. Und dann erfolgte der Wechsel in die Industrie, genauer in Unternehmen der Schwer- und Chemieindustrie im Ruhrgebiet: Kraftwerke, Kohle, Stahl, Chemie und Automotive, das ganze Spektrum. Ab 2009 war ich 15 Jahre lang im Vorstand der Klöckner & Co SE, davon 13 Jahre als CEO. In dieser Zeit rückte das Thema digitale Transformation auf die Agenda. In meiner Funktion als CEO trieb ich die digitale Transformation eines sehr traditionellen Unternehmens maßgeblich mit voran. Im Jahr 2021 verließ ich Klöckner, ein Jahr später als geplant, um als Investor tätig zu werden. Bis heute bin ich als Angel Investor unterwegs und führte zudem mit anderen Partnern zwei SPAC-Transaktionen Tonies SE und learnd SE durch. Bei learnd, einem Unternehmen, das im Bereich der Optimierung des Energieverbrauchs von Gewerbeimmobilien tätig ist, bin ich als Active Chairman weiterhin maßgeblich beteiligt.

Sie gehörten zu den Allerersten, die die digitale Transformation eines Industrieunternehmens in Angriff nahmen. Wie kam es zu dieser Erkenntnis, dass auch eine traditionelle Branche wie Stahlproduktion und Stahlhandel sich digitalisieren muss?

Auslöser war die Beschäftigung mit der Disruptionstheorie von Clayton Christensen. Er war Wirtschaftsprofessor in Harvard. Ich habe ihn dort erlebt und blieb im Kontakt mit ihm bis zu seinem frühen Tod vor einigen Jahren. Clayton Christensens Disruptionstheorie beschreibt, wie kleine, zunächst leistungsschwächere Innovationen bestehende Marktführer verdrängen, indem sie neue oder weniger anspruchsvolle Kunden ansprechen und sich schrittweise verbessern. Ich versuchte, mit Clayton seine Theorie auf Plattformunternehmen zu erweitern, was uns in der Reinform zwar nicht ganz gelungen ist, gleichwohl zeichnete sich ab, dass Plattformunternehmen auch B&B-Geschäfte disputieren werden. Sie stellen eine digitale und physische Infrastruktur bereit und ermöglichen dadurch den Austausch von Waren, Dienstleistungen oder Informationen zwischen verschiedenen Nutzergruppen. Sie schaffen Mehrwert, indem sie Interaktionen zwischen Produzenten und Konsumenten erleichtern, oft durch Netzwerkeffekte, bei denen der Nutzen der Plattform mit zunehmender Nutzerzahl steigt. Bekannte Beispiele sind Amazon, Airbnb oder Uber. Bei Klöckner verfügten wir, wie andere Stahldistributionsunternehmen auch, über eine physische Infrastruktur, die zukünftig durch eine digitale Plattform gesteuert werden sollte, ähnlich wie bei Amazon. Im Unterschied zu Amazon, die ihre digitale Plattform durch eine physische Infrastruktur ergänzt haben, war es bei Klöckner umgekehrt. Während Amazon also von Beginn an digital war, mussten wir unser Geschäftsmodell digital transformieren.

> In Deutschland sind wir sehr gut darin, etwas zu optimieren, aber nicht so gut zu transformieren.

Wenn man konstatiert, dass die Industrie in Deutschland im Ganzen die Zeichen der Entwicklung nicht rechtzeitig erkannt und angemessen darauf reagiert hat, sprechen wir über einen Zeitraum der vergangenen 15 Jahre. Welche Erklärung haben Sie hierfür? Ist es eine Frage der Mentalität oder einfach Ignoranz?

Das grundsätzliche Problem liegt darin, dass traditionelle Unternehmen sich i.d.R. auf die Geschäfte konzentrieren, mit denen sie das meiste Geld verdienen. Dieses Geschäft dann selbst anzugreifen mit einer neuen Technologie ist derart herausfordernd, so dass es meistens nicht gelingt. Kodak hat beispielsweise die digitale Fotografie erfunden, diese Erfindung aber nicht in dem Markt gebracht, um das Geschäft mit Filmen nicht zu gefährden. Wohin das geführt hat, ist bekannt, Kodak, wie wir es kannten, gibt es nicht mehr, das Nachfolgeunternehmen weist eine Marktkapitalisierung von lediglich noch 600 Millionen Euro auf. Eine ähnliche Bedrohung sehe ich für Automotive, insbesondere beim Verbrennungsmotor, die durch andere Kompetenzen wie Software, Batterietechnologien und Künstliche Intelligenz für autonomes Fahren ersetzt werden. Aus meiner Sicht ist es für die deutsche Automobilindustrie – bis auf wenige Ausnahmen im Premium-Segment – fast schon zu spät, da man den Wandel zur E-Mobilität, die Dominanz von Softwareplattformen und den Einsatz von KI für autonomes Fahren zu lange ignorierte, oder ignorieren wollte. Um es dann selbst zu schaffen und eigene digitale Plattformen zu entwickeln, um nicht von Google oder Apple abhängig zu sein, woran man dann gescheitert ist. Hinzu kommen noch dominante Gewerkschaften und hausgemachte Probleme wie exorbitant hohe Lohnkosten. Alles zusammen könnte zum Niedergang der deutschen Automobilindustrie führen.

In Deutschland sind wir sehr gut darin, etwas zu optimieren, aber nicht so gut zu transformieren. Wir halten sehr stark an bestehenden Strukturen fest und versuchen, darin immer besser zu werden. Dies ist bis zu einem gewissen Punkt richtig und möglich, aber es gibt eben Entwicklungen, bei denen das nicht mehr ausreicht, nicht mehr möglich ist. Vielfach denken wir die Dinge zu klein, zu vorsichtig, zu spät und selten radikal genug. Auf diese Art haben wir es verpasst, beispielsweise bei den großen Plattformthemen eine Rolle zu spielen. Auch bei den Cloud-Technologien waren wir zu spät und dann auch noch zu halbherzig unterwegs. Gleiches gilt für KI, wenn wir uns nicht gewaltig anstrengen. Wir sehen das übrigens auch in der deutschen Start-up-Landschaft. Gründer denken hierzulande für meinen Geschmack oft zu früh schon an den Exit. Während bei den Amerikanern insbesondere diejenigen, die diese Plattformunternehmen aufgebaut haben, etwas Großes, Einmaliges schaffen und nicht unbedingt nur einen guten Exit erzielen wollten. Einige haben selbst nach Jahren noch keinen vollständigen Exit vollzogen oder nur in Teilen.

Sie sagen, auch Industrieunternehmen müssen sich transformieren. Ist der Weg, es aus sich heraus zu bewerkstelligen, eine realistische oder gar vielversprechende Möglichkeit? Oder soll man zu diesem Zweck Start-ups aufkaufen oder mit ihnen zusammenarbeiten?

Das ist mit Sicherheit die Königsfrage, schafft ein Unternehmen es aus sich heraus oder nicht. Würde man diese Frage mit Clayton Christensen diskutieren, wäre die Antwort ein klares Nein, aus den genannten Gründen. Meines Erachtens hängt die Möglichkeit des Gelingens mit von der Größe des Unternehmens oder Konzerns zusammen. Ein Unternehmen wie Volkswagen zu transformieren, ist natürlich eine echte Herausforderung, wenn man die spezifische Struktur mit ihren politischen Verflechtungen mitberücksichtigt.

Die gezielte Zusammenarbeit mit einem Start-up kann sehr sinnvoll sein, man sollte es aber nicht kaufen. Die „Krake" eines traditionellen Konzerns vereinnahmt letztlich jedes Start-up, womit neben dem Spirit meistens auch der Gründer oder die Gründerin abhandenkommt. Nicht gleich zu Beginn, sondern zu einem späteren Zeitpunkt kann auch eine Beteiligung sinnvoll sein, solange der Einfluss des Konzerns dadurch nicht zu stark wird. Wichtig ist vielmehr, dass ausreichend Kapital bereitgestellt wird, wie es in solchen Fällen häufig in den USA der Fall ist. Die Verantwortung für die Zusammenarbeit mit Start-ups muss in der Organisationsstruktur zunächst möglichst weit oben verankert werden, damit es vom Konzern nicht abgestoßen wird. Wenn ein Unternehmen in ausreichendem Maße Erfahrung in der Zusammenarbeit mit Start-ups gesammelt hat, kann die Verantwortung zunehmend an die Stelle delegiert werden, auf deren Ebene die Zusammenarbeit stattfindet. Corporate Start-ups halte ich in diesem Zusammenhang im Übrigen für nicht aussichtsreich. Ein echter Gründer wird selbst gründen wollen, ins Risiko gehen und sich nicht von vornherein mit wenig Risiko an einen Konzern „anhängen".

Ein Gründer muss frühzeitig diesen spezifischen Gründungsdrang unter Beweis gestellt haben.

Bei Klöckner orchestrierten wir die Zusammenarbeit mit Start-ups zunächst über unseren digitalen Hub kloeckner.i in Berlin. Zu dieser Zeit war die traditionelle Organisation noch nicht bereit, mit Start-ups zusammenzuarbeiten, das war noch zu neu. Unser Hub kloeckner.i hatte sogar die Freiheit, unser traditionelles Geschäft mit innovativen Geschäftsmodellen anzugreifen, also auch neue Wege zu gehen. Das alles führte zunächst zu Widerständen im traditionellen Geschäft, die wir aber sukzessive durch eine stärkere Verzahnung von traditioneller Organisation, kloeckner.i und Start-ups aufgelöst haben. Bei allen Schwierigkeiten haben wir die digitale Transformation kontinuierlich vorangetrieben. In meinem letzten Geschäftsjahr als CEO 2021 betrug unser Umsatz über digitale Kanäle 45 Prozent. Das haben wir innerhalb von acht Jahren geschafft.

Apropos Start-ups. Was zeichnet aus Ihrer Sicht einen guten Gründer aus? Wann überzeugt Sie als Investor ein Gründer beziehungsweise Gründerteam?

Ich muss voranstellen, dass meine Perspektive auf dieses Thema industriebezogener Natur ist. Das heißt, mein Blick richtet sich weniger auf B2C-Gründungen, sondern auf industriebezogenes B2B-Geschäft. Ein Gründer muss frühzeitig, in der Universität bereits, diesen spezifischen Gründungsdrang unter Beweis gestellt haben. Es muss erkennbar sein, dass jemand im Grunde immer schon gründen wollte, Unternehmer werden wollte, und nicht die klassische Industriekarriere verfolgt. Das ist es auf den Nenner gebracht.

Wie äußert sich dieser Gründungsdrang? Ist es der Drang nach Reichtum?

Das wäre keine gute Motivation ...

... schafft aber auch Wert.

Wenn das eines der Ergebnisse ist, ist das nichts, was man ablehnen muss. Viel stärker jedoch sollte der Drang sein, etwas aufzubauen, eigenständig (s)einen Traum zu verfolgen, eine wie auch immer geartete Vision. Und das eben selbst in der Hand haben möchte – das ist elementar. Wenn ich mit Gründern spreche, Gründer meinen Rat zum Beispiel zur Finanzierung suchen, ist es für mich ein No-go, zuvörderst vom Exit zu sprechen. Umgangssprachlich formuliert, ist dann sofort ‚die Luft raus' aus dem Gespräch. Wenn jemand jedoch etwas Großes anstrebt, dann bedeutet das für mich das der- oder diejenige dafür brennt. In der Industrie ist es zudem ganz wichtig, dass Gründer bereits ein gewisses Maß an Industrieerfahrung mitbringen, dass sie verstehen, wie Industrieunternehmen funktionieren. Das schließt beispielsweise einen langen Sales Cycle ein, bis eine Entscheidung getroffen ist. Es ist hilfreich, aus diesem Umfeld zu kommen, auch in der Verbindung zwischen Universität und Industrie. Wenn das alles zusammenpasst und die Idee auch noch gut ist, was bedeutet, dass sie nicht schon x-mal versucht wurde, dann fange ich an, mich dafür zu interessieren.

In der Industrie ist es zudem ganz wichtig, dass Gründer bereits eine gewisses Maß an Industrieerfahrung mitbringen.

Das ist geradezu das Gegenmodell zu Rocket Internet, wo in großem Maßstab direkt von der Universität, insbesondere der WHU, rekrutiert wurde. Um als Absolvent eben nicht nahtlos zu den großen Beratungsgesellschaften zu gehen, sondern zu kommen, um erst einmal viel zu lernen und dann im Rocket Internet-Umfeld zu gründen. Es gibt hierfür erfolgreiche Beispiele wie Zalando oder Hello Fresh. Das hat nicht die, nennen wir es ‚romantische' Komponente, ist aber ebenfalls durchaus erfolgreich.

Ein wesentlicher Unterschied zu dem, was wir bisher diskutierten, ist, dass es sich bei Rocket Internet ausschließlich um B2C-Plattformen gehandelt hat. Um Zalando zu gründen, benötigte man keine Erfahrung mit dem Verkauf von Schuhen. Wenn man aber eine KI-Einkaufsplattform für Industrieunternehmen entwickelt, benötigt man sehr viel internes prozessspezifisches Know-how. Das ist nicht wertend gemeint. Rocket Internet war aber sicherlich ohnehin eine Ausnahme und wurde zu einem Zeitpunkt gegründet, an dem es nur vereinzelt funktionierende Start-up-Ökosysteme in Deutschland gab, auch nicht in Berlin. Ohne Rocket Internet hätte sich dieses Ökosystem nicht so schnell entwickelt.

Sie sprechen vom Dreiklang Universität – Hub – Industrie. Bleiben wir noch einen Moment bei den Universitäten. Welche Unterschiede führen Ihrer Meinung nach dazu, dass es uns in Deutschland mit einer starken Forschung nicht annähernd gelingt herzustellen, was in den USA funktioniert?

Wir sind weltweit anerkannt in der Grundlagenforschung, gleichzeitig hapert es unverändert an der Übersetzung in die Praxis. Im Gegensatz zu den USA gibt es bei uns kaum Forscher oder Professoren, die eigene Unternehmen gründen oder sich im Wagniskapitalbereich engagieren. Wir kennen aus Stanford, Harvard oder dem MIT Professoren, die als Generalpartner eines Venture Capital direkt in die Start-ups mitinvestieren, die Ausgründung mitfinanzieren und damit natürlich auch viel mehr Geld verdienen als mit ihrem Professorengehalt. Professoren in Deutschland sind der Forschung und Lehre verpflichtet. Damit sie darüber hinaus aktiv werden, müssten sie einen deutlich größeren Freiraum erhalten, um außerhalb des regulären Universitätsbetriebs zu investieren und Geld verdienen zu können. In diese Richtung müssten wir viel mehr öffnen. Darüber hinaus sollten anerkannte Professoren, die jedoch nicht selber gründen wollen, Gründer unterstützen und damit natürlich auch Geld verdienen. Die Struktur der Universitäten in Deutschland ist auf derartige Modelle nicht angelegt. Es geht immer um den Zwiespalt, welcher Aufgabe misst man welche Relevanz bei, der Forschung, der Lehre und eben dem Unternehmerischen.

Haben Sie auch positive, überzeugende Ausnahmen in Deutschland erlebt?

Eine Ausnahme ist sicherlich die TUM und UnternehmerTUM in München. Sie sind eine Vorzeige-Start-up-Schmiede, weil sie das schaffen, was vielen anderen Universitäten in Deutschland fehlt: eine enge Verzahnung von Spitzenforschung, Gründungsförderung, Kapitalzugang und Industriepartnerschaften – gepaart mit einem unternehmerischen Mindset. Sie haben ein System etabliert, das Start-ups nicht nur beim Gründen, sondern auch beim Wachsen und Skalieren unterstützt. Neben der TUM gibt es in Deutschland noch einige weitere starke Universitäten mit Gründungsförderung, aber oft fehlt der Zugang zu Wagniskapital oder die internationale Skalierung.

Sehen Sie weitere strukturelle oder auch kulturelle Unterschiede zu den USA?

Es gibt insbesondere unter den Studenten an den Spitzenfakultäten in den USA eine andere Gründungsmentalität als in Deutschland.

Zwei Punkte würde ich nennen: die Mentalität der Studenten einschließlich Rekrutierung und das Thema Vorbilder. Es gibt insbesondere unter den Studenten an den Spitzenfakultäten in den USA eine andere Gründungsmentalität als in Deutschland. In Stanford wurde ich zu meiner Zeit als CEO einmal gefragt, ob wir auch jemanden einstellen würden, der nicht gründen will, der also in die Industrie will. In Deutschland ist das genau umgekehrt. Der Anteil derjenigen, die diesen Wunsch nicht haben und lieber in den Öffentlichen Dienst gehen, ist wesentlich größer. Zudem gelingt es in den USA nach meiner Erfahrung erheblich besser, Talente zu rekrutieren, insbesondere auch junge Leute mit Migrationshintergrund. Sie sind deutlich hungriger und haben mehr Biss, um ihre Chancen zu nutzen. Mit der Rekrutierung und Talentförderung ist unmittelbar das Thema gesteuerte Migration verbunden. Wenn wir es schaffen würden, mehr Migranten nach Deutschland zu bekommen, die nicht in die Sozialsysteme migrieren, sondern gründen wollen, und das entsprechend unterstützen würden, hätte das mit Sicherheit einen positiven Impact.

Und es gibt natürlich in Stanford oder Harvard und auch an vielen anderen Spitzenfakultäten viele Vorbilder, denen nachgeeifert wird. Typisch sind auch deren stabile und enge Verbindungen mit der Universität, von der sie kommen, selbst als Drop-out. Man neidet ihnen nicht den Erfolg, sondern man möchte auch dahin, man eifert ihnen nach. Die Vorbehalte sind in Deutschland grundsätzlich größer, Bewunderung und Neid liegen sehr viel enger zusammen. Nehmen wir noch einmal das Beispiel der Samwer Brüder, die sicherlich wesentlich zum Aufbau der Start-up-Szene in Berlin beigetragen haben. Dennoch wurden sie von vielen in der Berliner Szene kritisch gesehen, weil sie eher als Business-Maschine denn als leidenschaftliche Innovatoren wahrgenommen wurden. Ihr Fokus auf Kapital, Skalierung und schnelle Exits passte nicht zu dem idealistischen und Community-orientierten Geist vieler anderer Gründer. Dabei kam eine Zeitlang gefühlt fast jeder Zweite, den man als Gründer traf, direkt oder indirekt aus diesem Umfeld. Es bedarf eben dieser Vorbilder, denen man nacheifern will.

Gibt es Menschen, die Sie geprägt haben, ohne die Ihr Leben anders verlaufen wäre?

Auch wenn es ein wenig ungewöhnlich klingt, aber einen Mentor hatte ich nie. Natürlich gab es eine Reihe beeindruckender Persönlichkeiten, die ich kennengelernt habe. Aber es gab niemanden, der mich wirklich beeinflusst hat.

Und Persönlichkeiten, die Sie am Anfang Ihrer Karriere gern um Rat gefragt hätten?

Schwer zu sagen, ich habe eine Corporate-Karriere vollzogen, heute wäre ich vielleicht lieber Gründer, aber es macht keinen Sinn, darauf zurückzublicken.

Schauen wir abschließend noch einmal auf Deutschland insgesamt. Welche Themen müssen aus Ihrer Sicht auf der politischen Agenda der nächsten zehn Jahre stehen?

Es gibt sehr viel was sich ändern muss, und ich möchte das nicht alles wiederholen und mich auf ein Thema fokussieren, die Transformation der Wirtschaft. Deutschland war einmal ein Land der Gründer und Erfinder, das ist leider 150 Jahre her. Und das, was seinerzeit in den Bereichen Automobil, Chemie, Stahl und Elektrotechnik gegründet wurde, ist vielfach immer noch maßgeblich für die deutsche Wirtschaft. Wirklich Neues ist seitdem viel zu wenig entstanden. Eine echte Transformation in dem Sinne, dass man Altes fallen lässt und Neues schafft, hat nur sehr eingeschränkt stattgefunden. Ich würde mir wünschen, dass wir radikaler denken und handeln. Statt Freiraum zu schaffen und Neues zu unterstützen, herrscht in der Politik eher der Drang vor, die Wirtschaft immer weiter zu drangsalieren und zu steuern. Stattdessen müssen wir massiv Bürokratie abbauen, viel mehr in Bildung investieren, Mut zur Disruption haben und nicht mit Milliarden alte Industrien unterstützen, sondern Neues aufbauen.

Und wie ließe sich in Deutschland die Kapitalfindung stimulieren?

Es gibt verschiedene Wege, Innovationen zu finanzieren. Eine Option ist es, regulatorische Hürden für Technologieinvestitionen abzubauen. In einigen Ländern investieren Versicherungen und Pensionskassen in Venture Capital, was in Deutschland wegen strenger Vorschriften jedoch schwieriger ist. Statt die Sozialsysteme immer weiter aufzublähen, könnten diese Mittel jungen Unternehmen zur Verfügung gestellt werden, wovon letztlich alle profitieren. Der Staat sollte nicht selbst als „Innovator" auftreten, wie es zum Beispiel bei Gaia-X, dem Versuch staatlich gesteuert eine europäische Cloud aufzubauen, der Fall war. Die KfW könnte einen größeren Teil ihres Kapitals in Wagniskapitalfonds investieren. Mitarbeiterbeteiligungen könnten flexibilisiert werden, um Talente stärker mit Beteiligungen zu incentivieren, wie es z. B. in den USA der Fall ist.

Wir brauchen einen grundlegenden Mindset-Change, Mut und Risikobereitschaft müssen belohnt werden, wir müssen mit der Gleichmacherei aufhören, vor allem auch in der Bildung. Scheitern darf kein Makel sein, und es müssen Freiräume geschaffen werden, damit Gründer nicht im bürokratischen Regulierungsdschungel untergehen, dann kommt auch das Kapital.

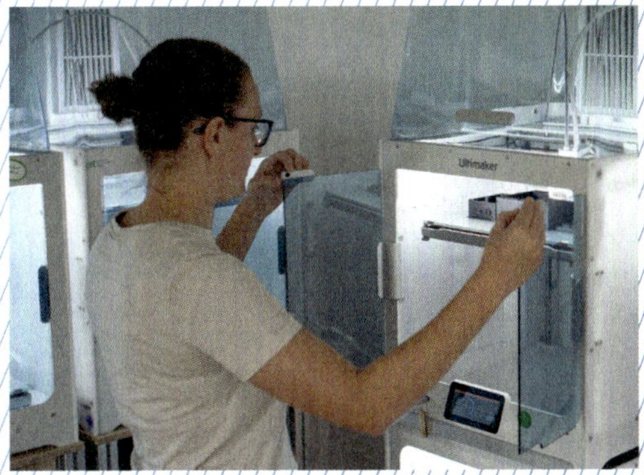

Dr. Franz Zöchbauer

Leiter Corporate Innovation & New Business bei der Verbund AG, beweist, dass es viele Wege und ganz unterschiedliche Zugänge in die Start-up-Welt geben kann. Sein Denken und Handeln ist dabei auf die Innovationsfähigkeit innerhalb eines Konzerns fokussiert, um die Voraussetzungen, Konstellationen und Persönlichkeitsfaktoren von Gründungen innerhalb eines Unternehmens erfolgreich zu entwickeln. Diese Corporate Start-ups verlangen besondere strategische und operative Unterstützung – die „Komposition" einer „Innovationssymphonie". Dazu gehören denn sowohl sehr „prosaische" Aspekte der Führung, Beteiligung und Bezahlung als auch unternehmenskulturelle und psycho-mentale Faktoren. Und schließlich braucht es eine neue große europäische Erzählung im sich neu ordnenden geopolitischen Wettbewerb.

”

Ein gutes Corporate Start-up zu skalieren, ist die Königsklasse.

Herr Doktor Zöchbauer, Sie sind bei der Verbund AG für das Corporate Innovation & New Business-Geschäft verantwortlich. Welcher Weg hat Sie dorthin geführt?

Ich bin gebürtiger Österreicher, absolvierte nach einer Tourismus- und Kochausbildung ein Studium der Volkswirtschaft mit Diplom, anschließend ein Doktoratsstudium. Seit mittlerweile 20 Jahren bin ich im Energie- und Umweltbereich tätig, seit 2007 in der Verbund AG, dem größten Energieunternehmen Österreichs. Dort begann ich Anfang der 2000er Jahre als Trainee und Assistent des damaligen Verbund-Generaldirektors Hans Haider in seiner Funktion als Präsidentschaft von Eurelectric, der europäischen Interessensvertretung der E-Wirtschaft. Seinerzeit initiierten wir unter anderem den ersten Nachhaltigkeitsbericht für Verbund. Nach sich anschließenden drei Jahren im österreichischen Umweltministerium, wo ich im Ministerbüro insbesondere die Einführung des Emissionshandels verantwortete, und anderen Umweltinitiativen kehrte ich 2007 zurück zum Verbund. Als Beauftragter für die Strategieentwicklung für erneuerbare Energien. Verbund gründete als Resultat des Strategievorschlags eine neue Business Unit für erneuerbare Energien mit dem Fokus auf Windkraft und Photovoltaik.

Innovationen voranzubringen und zu ermöglichen, begleitet Sie von Anbeginn …

Ja, und das ist seitdem auf sehr unterschiedliche Weise immer Teil meiner Arbeit. In 2009 übernahm ich das Thema Public Affairs, um den Bereich für die Verbund-Gruppe aufzubauen. Ein Jahrzehnt war ich für den Bereich verantwortlich, entwickelte auch innovative Ansätze und Methoden. 2018 absolvierte ich dann das Stanford Executive Program, verantwortete anschließend das Assessment zu Innovation bei Verbund und leite seit 2019 den Bereich Corporate Innovation, seit 2022 zusätzlich Verbund Ventures, wo wir auch in Start-ups investieren. In der Energiebranche, die per se nicht die innovativste ist, braucht man in dieser Position eine hohe Resilienz. Gleichwohl haben wir schon einiges bewegt in den vergangenen Jahren. Unseren strategischen Ansatz bezeichnen wir als Innovationssymphonie. Das bedeutet, Innovation muss überall passieren im Konzern, und nicht nur im zentralen Innovationsdepartement. Und diesbezüglich haben wir bereits viel erreicht.

Das leitet direkt über zu unserem Thema: Gründen und Gründer. Sie schaffen, um Innovationen voranzutreiben, für Corporate Start-ups und Investments in externe Start-ups eine eigene Governance im Konzern, Worauf achten Sie in diesem Zusammenhang, und was braucht es hierzu für Charaktere?

Unseren strategischen Ansatz bezeichnen wir als Innovationssymphonie.

Unsere Grundhaltung ist es, selbst die Zukunft zu gestalten und Innovationen mutig voranzutreiben. Das ist das Wichtigste. Wir achten darauf, ein Venture Mindset zu haben und für dieses Ziel persönlich überzeugende, integre Persönlichkeiten zu finden. Dabei ist es von Vorteil, wenn Gründer oder zumindest ein Teil des Gründerteams Senior sind, die schon erfahren sind in Bezug auf Corporate oder andere Start-ups, die durch die herausfordernden Mühlen gegangen sind. Das ist eine Stärke, die dann ausgespielt werden kann. Da kann es, wie kürzlich, passieren, dass wir uns für eine Investition in der Frühphase entscheiden, allein deshalb, weil das Gründerteam mit einer beeindruckenden Vita so überzeugend ist, dass wir es ihnen zutrauen.

Seniorität also, Erfahrung und Persönlichkeit. Junge Leute direkt nach dem Studium spielen demnach keine Rolle für Ihr Unternehmen?

Es ist die Kombination: Wenn im Gründerteam jemand ist, der schon viel gesehen hat, gegenüber Investoren professionell auftritt und jemand, der gerade die Universität absolviert hat und bereits diese Dynamik mitbringt, fühlen wir uns einfach wohler. Wir sehen auch, dass die Diversität des Führungsteams enorm wichtig ist. Mit Sicherheit lässt sich nicht alles nur über einen Observer als Investor lösen, sondern braucht es im Kernteam auch jemanden, der vielleicht schon ein, zwei Mal mit einem Start-up gescheitert ist oder eine lange erfolgreiche Vita in großen Unternehmen vorweisen kann. Und sich dann bewusst für diesen Schritt entscheidet und gründet. Das ist unsere Erfahrung, unsere Lessons learned aus eigenen Corporate Start-ups, dass wir mehr Vertrauen in Gründer haben können, die eine längere Vita mit viel Unternehmenserfahrung haben. Und zum anderen auf Gründer zu setzen, die inhaltlich purposegetrieben sind, die nicht auf den schnellen Exit aus sind, sondern ein Problem tatsächlich lösen wollen. Die sagen, dafür bin ich hier.

Zu Ihnen kommen Gründer mit Erfahrung, mit klassischen oder auch untypischen Lebensläufen, und junge Gründer. Worauf achten Sie, wenn Sie eine Person noch nicht kennen?

Natürlich ist es einfacher, wenn man mit Personen schon eine gewisse Zeit zusammengearbeitet hat und über sie auch Referenzen erhält. Anderenfalls muss man in der persönlichen Interaktion die Personen kennenlernen. Bei allen digitalen Möglichkeiten, persönlichen Gesprächen in Remote Meetings sorgen wir dafür, sich an einem Vormittag oder auch zu einem längeren Mittagessen zusammenzusetzen, um die Person unmittelbar erleben zu können. Wir sehen also die Personen, wo wir zum jeweiligen Zeitpunkt investieren, häufig im Alter zwischen 40 und Anfang 50 Jahren, die schon etwas erreicht, aber noch eine entsprechende Phase vor sich haben, in Kombination mit Jüngeren. Ich kann nicht sagen, dass jemand, der gescheitert ist, keine Chance mehr hat und wir nicht investieren würden; es kommt sehr stark darauf an, welche Lessons learned jemand aus einem Scheitern mitgenommen hat. Wenn man eine umfangreichere Vita verfolgt, sieht man ja auch, wie es um die Resilienz und Widerstandsfähigkeit beschaffen ist. Und man sieht, ob es um das schnelle Geld geht oder um ein Anliegen, dass man verfolgen möchte.

Das gilt im Übrigen auch für mein Innovationsdepartment. Ich habe ein sehr gut aufgestelltes Team mit jungen Talenten und erfahrenen Persönlichkeiten, und wir sprechen sehr viel über Purpose und purposegetriebene Arbeit. Einmal im Jahr veranstalte ich einen Purpose-Workshop, um das neue Jahr vorzubereiten. Beispielsweise präsentierte dabei jeder seinen eigenen Purpose in einem Drei-Minuten-Video. Dies trägt zur Transparenz bei, wie ist das „Why“ bei den Kollegen und Kolleginnen, was motiviert sie in ihrem Tun. So gleiche ich auch den individuellen Purpose mit dem Purpose von Verbund bzw. Verbund Innovation immer wieder ab.

Ich gleiche immer wieder den individuellen Purpose mit dem von Verbund bzw. Verbund Innovation ab.

Sie arbeiten mit Gründern zusammen, die entweder aus dem Corporate selbst kommen oder von extern hinzukommen. Worin unterscheiden sie sich? Und was erwarten Sie?

Es gibt spürbare Unterschiede, das haben wir selbst erfahren. Bei einem unserer jüngst aufgebauten Corporate Start-ups versuchten wir, alles passend für den Gründer herzurichten. Das bedeutete, die Übertragung echter Anteile vom Unternehmen, bei einem geringeren Grundgehalt, dafür einem höheren Upside. Wir mussten feststellen, dass selbst bei diesen Bedingungen sich ein Corporate-Mitarbeiter extrem schwertut, vom Corporate in ein Start-up zu wechseln. Wir haben daraufhin ein Interimsmanagement zum Start eingesetzt. Gestartet sind wir also mit Internen, damit wir rasch am Markt sind und holten dann Personen von außen. Diese Erfahrung kann man verallgemeinern bei einem Corporate Start-up beziehungsweise Gründern von Unternehmen aus einem Corporate. Sofern diese nicht selbst die Idee hatten, ist es extrem schwer, sie auch längerfristig dafür zu begeistern. Sie sind dann eher Geschäftsführer und nicht Gründer.

Die Gier nach Erfolg gilt im Gründungsmetier als einer der zentralen Motivationsfaktoren. Wie stehen Sie als Verbund AG dazu?

Die zentrale Frage in diesem Kontext ist, wie konstant sind diese Persönlichkeiten. Gehen sie bei der nächsten sich bietenden Gelegenheit wieder weg, weil etwas noch Lukrativeres lockt. Oder will man ein Problem oder Thema lösen, was bedeuten kann, auch in schwierigen Zeiten durchzuhalten, motiviert zu bleiben, um das Projekt langfristig erfolgreich umzusetzen. In der Energiewirtschaft denkt man in längeren Zeiträumen. Und daher ist uns diese spezifische Purpose-Getriebenheit für die Lösung einer Herausforderung wichtig.

Venture Capital gilt für Deutschland als eines der Haupthemmnisse für die notwendige intensive Entwicklung. Sie waren in den USA, sind mit dem dortigen Venture Capital-Markt vertraut. Wie steht es im Vergleich um den Venture Capital-Markt in Europa?

Was ich wahrnehme, ist, dass er sich auch im Corporate-Bereich professionalisiert. Es gibt mittlerweile viel mehr Corporate VCs oder VCs, die professioneller aufgestellt sind. Es lässt sich an der durchschnittlichen Unternehmens-Lebensdauer bemessen, die bei durchschnittlich zehn Jahren liegt gegenüber zwei bis zweieinhalb vor 20 Jahren. Wir sehen, dass Europa sehr attraktiv für Gründer ist. Wir haben viele Gründer, insbesondere auch im Vergleich zu den Vereinigten Staaten, aufgrund eines höheren Anteils an Talenten. Das heißt, wir haben entscheidende ‚Zutaten', aber noch nicht das beste Venture-Ökosystem, obgleich es sich gut in den letzten Jahren entwickelt hat. Hier gibt es noch viel Potential zu heben.

Die Verbund AG hat 2022 mit seinen Venture-Aktivitäten begonnen, für den Portfolioaufbau von 15 Start-up-Beteiligungen haben wir 30 Millionen Euro zur Verfügung in drei Jahren. Wir sind derzeit eines der wenigen Corporates in Österreich, die das tun. Würden alle ATX Unternehmen es uns gleichtun, gäbe das einen starken Impuls für den Innovationsstandort. Was bedeutet das? Es müssen einfach viel mehr Player am Tisch sitzen, damit das Ökosystem mit den USA vergleichbar wird. Ja, aber wir sehen bei einem Blick nach München, was dort mit dem UnternehmerTUM Großartiges geschaffen wurde. Das brauchen wir in jedem europäischen Land.

Das ist ein Erfolgsmodell. Häufig wird es unterschätzt, dass man für die Entwicklung schon in einem Zeithorizont von bis zu 20 Jahren denken muss. Und dass es mitunter auch glücklicher Zufälle bedarf, sei es mit den handelnden Personen oder mit Spendern. Wenn es, wie Sie sagen, Gründungen in ausreichender Quantität gibt, woran hakt es dann? An welchem Punkt verliert Europa seinen Vorsprung, ist nicht mehr auf einem vergleichbaren Niveau gelegen wie zum Beispiel die USA?

Nach meiner Beobachtung verlieren wir oft in der Phase, in der wir nicht die entsprechenden Finanzmittel in Europa aufbringen, konkret in der Skalierung und Weiterfinanzierung. Wenn sich daran nicht etwas Grundlegendes ändert, finanzieren wir das hohe Risiko, und dann sind es die „Cowboys" aus den USA, die von A bis Z möglichst alles begleiten, auch Börsengänge, ein IPO, die ersten Aktien von den jungen Unternehmen für die Öffentlichkeit anbieten und die dafür auswandern müssten, um weiter eine Finanzierung zu bekommen. Das ist ein zentrales Problem. Die Finanzierungslücke muss Europa schließen, erste Ansätze und Initiativen dazu gibt es bereits.

Diese großen Venture Capital-Runden gibt es kaum in Europa.

Das fehlt mit Sicherheit noch, entwickelt sich aber stufenweise. Wenn wir in der frühphasigen Finanzierung mehr zusammenbringen, kommt der nächste Schritt zeitverzögert sicherlich ebenso.

Welche Rolle spielen kulturell-mentale Faktoren?

Ich bin Mitglied in einer Gruppe von Stanford-Absolventen, die einen eigenen VC aufgebaut haben, um weltweit Innovationen zu unterstützen. Hier erlebe ich geradezu prototypisch wesentliche Unterschiede in der Gründerkultur der USA und Europas, zum Beispiel in der Kommunikation. In den USA gibt es so viel mehr Interaktion als in Europa. In Österreich, in Europa insgesamt hat man bei einem Scheitern nicht viele Möglichkeiten, an die nächste Finanzierung zu kommen. In den USA ist es wesentlich unkomplizierter. Es gibt viele Verknüpfungen, und wenn man mal scheitert, hat man die Chance wieder aufzustehen. Auch die Art und Weise, wie man sich trifft, ist viel unkomplizierter. Als junger Gründer bekommt man einfacher den Zugang zu den Entscheidungsträgern. In Stanford kann man auch ‚große Namen' anschreiben und erhält direkt Antwort, zumindest für das erste Treffen. In Europa erfolgt diese Kontaktaufnahme in der Regel über die Vorzimmer der Vorstände, das bedeutet einen wesentlichen Unterschied. Diese Umgangsweisen verändern sich, aber die Geschwindigkeit könnte noch mehr Dynamik vertragen.

Es ist eine andere Mentalität ...

Ja, es ist eine Mentalität grundsätzlicher Offenheit. Ich habe all das bei meinen USA-Aufenthalten erfahren. In zahlreichen Gesprächen mit hochqualifizierten Ingenieuren aus Deutschland beispielsweise, die dort ihre Chance und die Möglichkeiten wahrnehmen. Genauso wie viele Fachleute aus Indien, die in Kalifornien Innovation betreiben. Ohne diesen kontinuierlichen Zufluss an klugen Köpfen würde Kalifornien nicht dort stehen, wo es steht.

Ist das Kriterium der Herkunft beziehungsweise eines Migrationshintergrunds ein relevanter Parameter beim Gründen?

Das ist schon ein wichtiger Parameter. Erstens, weil Diversität prinzipiell positiv zu bewerten ist, um neue Ideen zu generieren. Und zweitens wegen der Risikobereitschaft. Mit dem Rettungsanker und mit ‚Hosenträgern' ausgestattet, riskiert man eher nicht, was man unter bescheideneren Umständen riskiert. Wenn man in Stanford oder anderswo in den USA die Chance für eine gute Ausbildung bekommt, gibt man zumeist viel mehr.

Wenn man über Stanford als die Königsklasse für Gründungen spricht, vergisst man mitunter, dass diese Qualität und Quantität durch die unmittelbare Verbindung mit und zur dortigen Universität entsteht. Das Verhältnis zwischen Gründen hands-on und Akademisierung ist gleichwohl nicht widerspruchsfrei. Peter Thiel, Gründer des Bezahldienstleisters Paypal, propagierte einst, jeder Harvard- oder Stanford-Student bekomme anstelle des Studiums 100.000 US-Dollar, um „sein Ding zu machen". Er hat die Akademisierung damit provokant in Zweifel gezogen. Wie denken Sie darüber?

Es ist das andere Mindset, dass die Personen dort haben, Dinge direkt zu gestalten. Wenn ich mich an mein Studium an der Wirtschaftsuniversität Wien erinnere, dann war die Quote derjenigen, die ein Unternehmen gründen wollten, zu Beginn des Studiums größer als bei Studienende. Ausbildung macht schon etwas mit dem Mindset. Möglicherweise ist das inzwischen anders. Wenn, wie an der Universität in Stanford, schon während des Studiums gezeigt wird, dass Entrepreneurship eine attraktive, anstrebenswerte Lebensvariante ist, werden es sehr viel mehr tun. In Österreich wie in Europa insgesamt gibt es diesbezüglich in der Ausbildung einen Entrepreneurship-Aufholbedarf, obgleich es wie mit dem UnternehmerTUM in München großartige Best-Practice-Beispiele auch in Europa gibt.

Welches Mindset trägt Sie persönlich? Gibt es Verbündete, die Ihr Leben beeinflusst haben?

Ich bin aufgewachsen in einer kleinen Ortschaft, meine Eltern hatten ein Hotel mit angeschlossener Gastwirtschaft. Hier lernte ich, was man nicht erwirtschaftet, hat man nicht. Nichts kommt automatisch. Das prägt. Wenn ich mir meinen beruflichen Werdegang anschaue, hatte ich das Glück, für einige sehr beeindruckende Persönlichkeiten zu arbeiten, die konsequent waren in dem, was sie tun und auch bei Widerständen ihre Ziele umsetzten. Ansonsten ist Veränderung nicht möglich. Unabhängig von einzelnen Personen hat mir sehr die Station in Stanford geholfen und, zehn Jahre zuvor, das Managementprogramm in Oxford.

In jeder Branche muss man schauen, ob man im Laufe der Jahre zum Dinosaurier werden will oder agil bleibt, auf neue Dinge schaut und mitwirkt, um diese zu entwickeln. Ja, es geht um Wertzuwachs und die Überlegung, wohin man ein Unternehmen tragen möchte. In allen meinen Funktionen im Verbund habe ich mich immer als Unternehmer gesehen, habe Dinge neu gemacht und Möglichkeiten genutzt, die mir geboten wurden. Wie 2007, als ich den Auftrag erhielt, nach Kalifornien zu gehen und dortige Entwicklungen im Energiebereich zu eruieren. Von dort nahm ich relativ viele Ideen mit, auch im Bereich Venture Capital. Wenngleich es zu diesem Zeitpunkt noch zu früh war, das in staatlichen Unternehmen umzusetzen. Aber die Zeiten haben sich gewandelt.

Es klingt ein wenig, als sei alles nur passiert. Aber sicherlich passiert nichts ohne inneren Antrieb ...

Wenn die Frage darauf zielt, woher ich meine Energie nehme, dann nehme ich sie aus Interaktionen, aus der Vernetzung. Natürlich ist da der Drang, Dinge ins Positive zu verändern. Immer ein ehrliches Interesse, aber auch den Anpruch zu haben, einen Impact zu erzielen. Das ist meine Motivation, Innovation zu betreiben. Deshalb bin ich schon so lange bei Verbund. Weil es eine großartige Möglichkeit ist, die Energiewende positiv zu gestalten. Man kann die Zukunft gestalten und in Allianzen große Hebel bewegen. Mit dem entsprechenden Purpose ist das wohl in jeder Branche möglich.

Eine Frage zum Abschluss. Welche Punkte müssen aus Ihrer Sicht auf der politischen Agenda für Europa, für Österreich der nächsten zehn Jahre stehen?

Österreich braucht ebenso wie Europa wieder ein neues Narrativ. Wo wollen wir stehen in zehn Jahren? Momentan sehe ich noch nicht die großen Erzählungen und motivierenden Zielsetzungen. Auf meiner Agenda stünde zum Ersten, Europa sollte die Nummer 1 der Innovation im Bereich der Energiezukunft werden. Für dieses Ziel sind wir schon spät dran. Aber noch haben wir diese Chance. Uns darauf zu fokussieren, wo entstehen neue Werte, was braucht die gesamte Welt, was können wir erfolgreich exportieren? Und ganz konsequent sagen, wir wollen Leader sein im Bereich der Innovationen. Zum Zweiten gäbe ich auf die Agenda eine verstärkte Selbstverantwortung. Es gilt dafür zu sorgen, dass es wieder mehr Unternehmertum gibt in dem Sinne, dass du selbst der Schmied deines Glückes bist. Und zum Dritten brauchen wir eine neue Politik dahingehend, dass Diversität etwas Gutes ist und dass wir nur durch den Reichtum der Vielfalt unter Menschen den nächsten Sprung vollziehen können. Österreich hatte vor mehr als 110 Jahren die Donaumonarchie. Wir müssen schauen, dass wir wieder Stolz auf die Vielfalt in Europa sind und die Chancen daraus bewusst nützen.

Shobhna Mohn

Geschäftsführerin, Prisma Capital GmbH & Co. KG, Ex-Chief Strategy Officer Bertelsmann Investments, steht mit ihrer Biografie wie ihrem Aufbau und Engagement der Venture Capital-Aktivitäten für eine globale Perspektive im nationalen und europäischen Kontext. Interkulturelle Kompetenz, das Management unterschiedlicher Mentalitäten stehen in ihren strategisch-operativen Überlegungen ebenso im Mittelpunkt wie die praktischen Herausforderungen der Start-ups. Denn die notwendigen interagierenden Ökosysteme brauchen Spiel- und Freiräume.

„

Es benötigt ein interagierendes Ökosystem, um Unternehmertum erfolgreich und flächendeckend zu etablieren.

Frau Mohn, Sie verkörpern qua beruflichem Werdegang die Themen Innovation und unternehmerisches Handeln, entwickelten und verantworteten mehr als zwei Jahrzehnte das internationale Investmentgeschäft des Bertelsmann Konzerns. Wie begann dieser Weg?

Wir alle erhalten verschiedene Inputs und bekommen Wege in unserem Leben aufgezeigt, anhand derer wir unsere eigene Reise gestalten. Geboren in Indien in einer Familie, in der eine gute Ausbildung sehr wichtig ist, absolvierte ich meinen Bachelor, Master und M.Phil. in Mathematik in Delhi, zog für ein stipendienfinanziertes Ph.D.-Studium in Management Science und Operations Research an der Columbia Business School nach New York City. Nebenher, seit meinem 17. Lebensjahr, arbeitete ich – in der Nachhilfe, an der Indira Gandhi National Open University, sowohl im Management des Study Center wie auch in der universitären Lehre und als Research Assistant. Darüber hinaus engagierte ich mich im International House, einem Studentenwohnheim mit 750 Bewohnern aus 90 Ländern. Dort kümmerte ich mich um das Zusammenkommen der Mitbewohner und im Büro für Fundraising. Durch diese Vielzahl und Vielfalt an Begleiterfahrungen bildeten sich bei mir eine fortwährende Neugier, Interesse am Lernen, der Mut, Neues zu wagen, und eine positive Einstellung zur Arbeit heraus. 1996 zog ich aus privaten Gründen nach Deutschland. Einen Beruf zu haben, war für mich wichtig, und so war ich sehr glücklich, als ich bei Bertelsmann, ohne Deutschkenntnisse oder Industrieerfahrung, im Bereich Zentrale Unternehmensentwicklung anfing.

Bertelsmann begann bereits im Jahr 1998 mit seinen Venture Capital-Aktivitäten, und als ich 1999, im Rahmen eines USA-Aufenthalts, das Konzept Venture Capital bzw. Wagniskapital kennenlernte, begann ich, mich mit dem Thema zu befassen. Das bedeutete konkret, in dem noch neuen digitalen Zeitalter Talente und gute Ideen für bestehende Unternehmen zu suchen und die meist jungen Unternehmer bei der Geschäftsentwicklung zu unterstützen und Zugänge zum Markt zu ebnen. Mir erschien es sinnvoll, dass Bertelsmann in der Frühphase der Jungunternehmen investiert, um voneinander zu lernen und interessante Geschäfte gemeinsam zu entwickeln.

Damit wurde 1999 auch für mich ein richtungsweisendes Jahr aufgrund der Möglichkeit, Bertelsmann Valley zu gründen und meine ersten Erfahrungen im Bereich Venture Capital, aber auch Führung und Unternehmensgestaltung zu erwerben. Die Bertelsmann Valley leitete ich drei Jahre, die als ein Resultat der Dotcom-Blase im Jahr 2002 abgewickelt wurde. Von 2002 bis 2006 baute ich die interne Investor Relations-Abteilung bei Bertelsmann mit auf und erwarb auch Erfahrungen in der Finanzmarktkommunikation. 2006 wechselte ich dann zum neu formierten Bertelsmann Digital Media Investments, wo ich für VC-Investitionen in Europa sowie für die Ausgestaltung von Investitionen in den USA und China mitverantwortlich war. Nach einer Pause aus persönlichen Gründen in 2010 kehrte ich 2012 wieder zu Bertelsmann zurück und blieb bis Mitte 2024. Annähernd zwölf Jahre durfte ich das internationale VC-Geschäft mit zusätzlicher Präsenz in Indien, Brasilien, Afrika und Südostasien mitetablieren und ausbauen. Zum Schluss hatten wir mehr als 1,5 Milliarden Euro in über 400 Unternehmen investiert und einige erfolgreiche Verkäufe und Börsennotierungen vollzogen. In dieser Zeit etablierte sich Bertelsmann mit Hilfe unserer sehr kompetenten lokalen Teams als verlässlicher und gerngesehener VC-Partner in den neuen Geschäftsregionen.

Bleiben wir noch bei dem Thema Venture Capital in Deutschland. Es gibt eine herausragende Grundlagenforschung an deutschen Universitäten, eine große wissenschaftliche Innovationskraft. Und gleichzeitig finden die Finanzierungsrunden im großen Stil für Startups außerhalb Deutschlands oder auch Europas statt. Teilen Sie die Einschätzung, dass es schwerer ist, Venture Capital in Deutschland zu akquirieren?

Wenn wir die Situation betrachten, als wir mit den VC-Aktivitäten begannen, und es dann mit dem heutigen Stand vergleichen, können wir einen großen Fortschritt feststellen. Es gibt inzwischen zahlreiche Family Offices, Business Angels und Unternehmen, bei denen VC einen wichtigen, anerkannten Bestandteil ihrer unternehmerischen Aktivitäten bildet. Es gibt eine deutliche Entwicklung, auch mehr Kapital. Dennoch ist in den USA nach wie vor zumeist viel mehr Kapital verfügbar. Das gilt ebenso für Indien, für China galt es auch bis 2022, und wird bestimmt wieder erfolgen. Die USA stehen ganz vorn, wenn es um große Finanzierungsrunden, um Milliarden oder hunderte Millionen Dollar von Investments geht, aber auch um große Verkäufe oder Börsennotierungen. In Deutschland wie in Europa gibt es immer wieder gut entwickelte, zukunftsfähige, aber zugleich risikoreiche Geschäfte, deren Folgefinanzierung sich im eigenen Land oder Kontinent sehr schwer gestaltet.

Worin sehen Sie diese Unterschiede begründet? Spielen Mentalitäten eine Rolle?

Viele Faktoren haben mit den Unterschieden zu tun. In den USA ist neben dem Kapital der Markt um ein Vielfaches größer und damit attraktiver. Hinzukommt, dass die VC-Investoren insgesamt risikobereiter sind und ein viel breiter aufgestelltes Portfolio pflegen. Deutschland ist, unternehmerisch betrachtet, primär ein Industrie-Exportland. Die Geschichte vieler familiengeführter Unternehmen in Deutschland weist wesentliche Gemeinsamkeiten auf. Sie sind hochinnovativ bei einen relativ geringen Kapitaleinsatz, und sie sind auf den langfristigen Bestand bedacht. Daneben bietet die hohe Qualität der Forschung an den Universitäten oder außeruniversitären Instituten viel Potential für Neugründungen. Faktoren wie Kapitalverfügbarkeit, Marktattraktivität, aber auch die hohen regulatorischen Anforderungen schon zu Beginn des Unternehmensaufbaus führen hingegen dazu, dass Jungunternehmen es präferieren, in die USA umzusiedeln.

Bleiben wir bei der Mentalität, dem Willen, etwas aufzubauen. Wie steht es um diesen Aufbauwillen in Deutschland? Und welche Rolle spielen die migrantischen Gründer?

Ich bin der Meinung, dass man die Mentalität zu einer größeren Risikobereitschaft, zu dem Mut, etwas auszuprobieren, entwickeln kann. Neben den genannten Faktoren gehören dazu auch adäquate Rahmenbedingungen, wozu auch die gesellschaftliche und berufliche Akzeptanz zählt, und zwar unabhängig vom Erfolg. Das hat sich zwischenzeitlich erkennbar geändert, aber es reicht noch nicht aus, um viele neue Ausgründungen zu ermöglichen. Und in Bezug auf das Thema Migranten und Unternehmensgründungen bin ich überzeugt davon, und diverse Studien belegen es, dass die Erfolgschancen sich erhöhen, je gemischter die Teams sind. Das mag darin begründet sein, dass man Probleme auf viele verschiedene, herkunftsbezogene Art und Weisen evaluiert und anschließend gemeinsam löst. In Kalifornien beispielsweise, einer Brutstätte für Entrepreneurship, spielt aus meiner Sicht die Vielfalt der Menschen eine wesentliche Rolle für Unternehmertum und Kreativität.

Bertelsmann zeichnet sich durch eine sehr entrepreneursche Unternehmenskultur aus. Das ist ungewöhnlich und reizvoll zugleich. Was zeichnet aus Ihrer Sicht Gründer ganz generell aus? Und unterscheidet sich das von Kapazitäten oder Talenten, die man mitbringen muss, um in einem Konzern tätig zu sein?

Der Erfolg jeder noch so guten und überzeugenden Idee hängt stark von der Qualität der Gründer bzw. des Gründerteams ab. Die Gründer sollten neben allgemeinem Wissen über das Business über mindestens eine fachliche Expertise verfügen, ob in Produkt, Technik, Marketing oder Sales. Und sie brauchen eine klare und große Vision dafür, was sie mittels der Unternehmensgründung versuchen wollen zu lösen. Darüber hinaus benötigen die Gründer Sozialkompetenz und Führungsqualitäten, um sowohl die Investoren, Mentoren, aber auch die Mitarbeiter zu gewinnen und zu motivieren. Ein Unternehmensaufbau ist insbesondere zu Beginn von unvorhersehbaren Krisen geprägt, die z. B. durch Kapitalknappheit, Konkurrenz, Personalengpässe oder persönliche Schicksale entstehen können. Für diese Krisensituationen benötigen sie ein hohes Maß an Resilienz, Kreativität, eine positive Einstellung, mentale und gesundheitliche Stärke sowie eine hohe Integrität. Darüber hinaus kommt die Fähigkeit, fachliche Kompetenzen und persönlichkeitsspezifische Eigenheiten eines Teams zu erkennen und entsprechend damit umzugehen, den Gründern und damit den neuen Unternehmen zugute. All diese Qualitäten sind auch in einem Konzern von Vorteil, wenngleich mehr Unterstützung innerhalb des Unternehmens verfügbar ist, die man gegebenenfalls abrufen kann. Damit genügt die Sektor- oder Fachexpertise, um erfolgreich zu sein. Zudem ist die Dynamik in einem Konzern zumeist etwas gemäßigter, so dass die Arbeit etwas geregelter verläuft.

Die Bertelsmann Stiftung engagiert sich mit der 2016 ins Leben gerufenen Founders Foundation (FF) auch in einem unternehmerischen Umfeld. Weshalb?

Ich selbst bin in der Stiftung nicht tätig, habe die Anfänge von FF jedoch mit Interesse verfolgt. In unserer Region Ostwestfalen Lippe, kurz OWL, sind weltweit führende Unternehmen beheimatet. Diese Unternehmen besitzen ein umfassendes Know-how in ihrer jeweiligen Branche, sind aber zeitgleich mit den immer schneller werdenden Transformationen und technologischen Entwicklungen konfrontiert. Eine der Möglichkeiten, Innovationen mitzugestalten, besteht in Venture Capital-Investitionen, gepaart mit dem Austausch mit den Jungunternehmern. Vor diesem Hintergrund entstand die Initiative, Entrepreneurship in der Region zu etablieren und zu stärken, indem die ansässigen Unternehmen als Mentoren oder sogar Kunden für die Start-ups fungieren. Die Founders Foundation wurde mit dem Ziel etabliert, die nächste Generation erfolgreicher Gründer auszubilden und in OWL ein Start-up-Ökosystem aufzubauen. Dazu gehören die Universitäten und Hochschulen ebenso wie die Kapitalgeber und Unternehmen der Region. Eine der Kernfragen in der Anfangsphase war meines Wissens, wie es gelingen kann, Unternehmertum flächendeckend als eine erstrebenswerte Lebensoption zu fördern. Und eine zentrale Erkenntnis dieses Verständigungsprozesses bestand darin, dass es in Deutschland häufig nicht an Ideen fehlt, sondern an Entrepreneurship-Fähigkeiten und an einem Ökosystem, das die guten Ideen gemeinsam fördert.

Diese private Initiative zielt auf die Förderung der Region. Wie stehen Sie zu bundesweiten Initiativen, wie dem German Accelerator Programm? Sollte der Staat sich aus derartigen Förderungen nicht besser heraushalten?

Der Staat kann und soll gezielt in den Bereichen unterstützen, die in seinem Wirkungsrahmen und seinen Kompetenzen liegen. Bei der Förderung der Universitäten und Hochschulen beispielsweise. Des Weiteren bei den Rahmenbedingungen, die schnelleres Gründen ermöglichen: Digitalisierung und Bürokratieabbau, Schonfristen bei Reporting-Anforderungen für junge Unternehmen oder bei dem essentiellen Thema Personalbeschaffung durch die Unterstützung bei der Integration von Talenten.

Deutschland ist für seine guten Forschungsbedingungen bekannt. Das Verständnis, dass und wie daraus auch Business entsteht, ist an den Universitäten und Hochschulen hingegen nicht stark ausgeprägt. Die Fragen rund um Urheber- und Nutzungsrechte gehören dabei zu den relevanten Problemen.

Das ändert sich nach meiner Wahrnehmung, denkt man beispielsweise an die Universitäten in München. In der Gesamtheit fehlt es jedoch, anders als in den großen US-amerikanischen Universitäten wie Harvard oder Stanford, daran, mit eigenem Kapital Ausgründungen zu finanzieren, bis sie für weitere Kapitalaufnahmen aus dem VC-Markt bereit sind. Dabei gibt es verschiedene Modelle der Beteiligung von Universitäten. Meines Erachtens stellt IP nur für einen kleinen Teil der jungen Unternehmen den Faktor dar, der essentiell für den Erfolg ist. Einige Unternehmen wollen sich gar nicht die IP sichern, da sie dann ihr Modell sehr transparent darlegen müssten und sich daraus ein größeres wirtschaftliches Risiko ableitet. Es gibt Unternehmen, die weltweit mit Apps screenen, um nach geeigneten IP's zu suchen, die mit geringem Aufwand gegebenenfalls angepasst oder in neuen Geografien als neue IP's gesichert werden können. Das gilt es abzuwägen.

Eine Frage zum Abschluss: Welche großen Ideen und Leitlinien sollte eine Agenda der nächsten zehn Jahre enthalten, die Sie entwerfen und entscheiden könnten?

Mit dem sich stetig erweiternden Maß an Regulatorik und Reportingpflichten ist es vor allem für kleine und mittlere Unternehmen schwer, dies mit ihren meist überschaubaren Ressourcen zu bewältigen. Man kann die besten Ideen, Gründer und Kapitalgeber haben, ohne stimulierende Rahmenbedingungen ist es schwer, in großem Stil Unternehmertum zu etablieren. Einige habe ich erwähnt – Bürokratieabbau, Digitalisierung für schnelleres Gründen oder Umsiedeln, Schonfristen bei Reportinganforderungen sind einige der wichtigsten Maßnahmen, die umgesetzt werden müssen. Ich hoffe sehr, dass hohe Hürden abgebaut werden und damit wieder Freiraum ermöglicht wird. Ansonsten werden die Deutschen trotzdem gründen, nur eben nicht in Deutschland.

Justrite

Greenlyte

www.greenocean.tech
GreenOcean

Professor Dr. Volker Gruhn

Hochschullehrer, Gründer, Vorsitzender des Aufsichtsrats der adesso AG, ist als Grenzgänger zwischen Wirtschaft und Wissenschaft prädestiniert, beide Welten so produktiv miteinander zu verbinden, um ein erfolgreiches Gründungsklima zu ermöglichen. Es geht dabei sehr grundlegend um die Third Mission der Hochschulen, das heißt um curriculare Erweiterungen, Technologietransfer, Entrepreneurship, Community Building zum Nutzen des Wirtschaftsstandorts Deutschlands, die sich in einer neuen Agenda manifestieren muss.

„

Mein Bild von der Industrie und ihrer Innovationsfähigkeit und -freude ist ein durchaus positives.

Herr Professor Gruhn, Ihre Laufbahn in der Wissenschaft und Wirtschaft ist von unternehmerischem Spirit getragen. Welche Stationen prägten Sie am stärksten?

Ich bin Informatiker aus Dortmund. Nach Studium und Promotion nahm ich das Abenteuer auf mich, außerhalb der Universität zu arbeiten. Bei Veba, heute Eon – seinerzeit eine Wirtschaftsikone, für deren Immobilientochter ich Software entwickelte bzw. die Softwareentwicklung koordinierte. Die beiden letzten der insgesamt fünf Jahre war ich als Geschäftsführer für das zugehörige Softwarehaus tätig. Zu jener Zeit ging die Softwareentwicklung allerdings in den Strom- und Kommunikationskontext auf. Das waren die interessanten Geschäftsfelder. Mir wurde klar, dass ich nicht in einer Art Zulieferfunktion die nächsten Jahrzehnte verbringen wollte und mich in einem Konzernumfeld nicht wohlfühle. Und so entschied ich, mich auf eine Hochschullehrerposition an der Universität Dortmund zu bewerben. Immerhin hatte ich gute Erinnerungen an meine akademische Zeit. Die Bewerbung verlief glücklicherweise erfolgreich. Die universitäre Lehre für das Fachgebiet Informatik und seine Spezialgebiete durchzieht seit nunmehr 27 Jahren mein Berufsleben, anfangs eben in Dortmund, später in Leipzig und aktuell an der Universität Duisburg-Essen. Gleichzeitig ließ mich ein zweiter Pfad, das Unternehmerische, nicht los. Auch wollte ich meine Erfahrungen aus der Tätigkeit bei Veba weiter nutzen. Ich kannte Rainer Rudolph aus dem Arbeitskontext, wir fanden zusammen und gründeten 1997 adesso, ein IT-Dienstleistungsunternehmen.

Die Gründung basierte nicht auf einer bahnbrechend neuen Idee. Die Formulierung „Einsatz moderner Informationstechnologien" auf unserer ersten Broschüre verweist darauf, dass wir anfangs keine Marketingfachleute mit ‚an Bord' hatten. Es war jedoch die richtige Zeit, IT-Dienstleistungsunternehmen zu gründen. Im Dortmunder Raum entstanden damals viele vergleichbare Unternehmen. Wir begannen also zu zweit, einer übersichtlichen Struktur ohne klare Aufgabenteilung. Es ließ sich nicht sagen, wo das eigene Spielfeld anfing und aufhörte. Anfangs bestand meine Aufgabe darin, vom Spielfeldrand aus

Impulse zu geben. Auf diese Weise bildete sich für mich als ein Schwerpunkt die strategische Begleitung der Unternehmensentwicklung heraus. Später änderten wir die Rechtsform in eine Aktiengesellschaft und gingen über eine reverse IPO an die Börse. Ab diesem Zeitpunkt war ich immer Aufsichtsratsvorsitzender – eine Rolle, die sich durchaus als eine besondere Art des Beobachtens und Einwirkens vom Spielfeldrand aus beschreiben lässt.

Sie sprechen von glücklichen Zufällen. Was meinen Sie damit?

In einer ‚klassischen' Hochschulkarriere fehlen weitüberwiegend praktische Erfahrungen aus der unternehmerischen Welt. Damit fehlen auch unternehmerische „Role Models".

Bereits in meiner Anfangszeit bei Veba orientierte ich mich in Richtung Forschungslandschaft, konkret zum Fraunhofer-Institut für Software- und Systemtechnik. Der Zufall bestand darin, dass der Konzern mich halten wollte, worauf ich mich einließ. Bei der Bewerbung auf die Hochschullehrerstelle war keineswegs erkennbar, wie die Findungskommission meinen bisherigen beruflichen Weg einschätzt. Ich war nicht habilitiert und nach der Promotion in der Wirtschaft tätig. Würde dieser Weg als interessant oder ‚aus der Art geschlagen' bewertet werden, als eine nützliche und wünschenswerte Facette oder nicht? Das meine ich mit ‚glücklicher Zufall'.

Bleiben wir noch bei adesso. Der Konzern beschäftigt mittlerweile circa 11.000 Beschäftigte. Wie haben Sie diese Entwicklung erfahren, begleitet und gesteuert? Als Unternehmer ist man ja durchgehend involviert.

Die Beschäftigung mit adesso-Themen nimmt einen Teil meiner Aufmerksamkeit und beruflichen Emotionen, meines Engagements in Anspruch. Das reicht von akuten Problemstellungen bis zu strategischen Überlegungen. Dabei versuche ich, über die Akquise und Tätigkeit in Lenkungsausschüssen hinaus in verschiedenen Projekten auch operativ involviert zu sein. Darüber hinaus begleite ich die Weiterentwicklung des Vorstands.

Sind Sie denn ‚aus der Art geschlagen', familiär und beruflich?

Mein Vater war Beamter im gehobenen Dienst, ich wuchs in einem kleinbürgerlichen Milieu auf. Meine Eltern begrüßten es sehr, dass ich bei Veba arbeitete. Es bedeutete für sie eine sichere Position bei gutem Einkommen. Später, als ich ihnen von meinen adesso-Plänen erzählte, waren sie skeptisch und verstanden nicht, dass ich parallel zur Hochschullehre diese Ambitionen hatte. Es war ihnen nicht ganz geheuer.

Was treibt und motiviert Sie, immer wieder Ausflüge dieser Art zu starten, mehrgleisig zu agieren?

Das ist die entscheidende Frage. Allerdings führt Post-Rationalisierung häufig zu einer verzerrten Einschätzung, weshalb ich nicht sicher bin, ob es eine eindeutige Antwort gibt. Die ersten Berufsjahre waren prägend, auch für meinen Umgang mit Hierarchien. Ich tat mich schwer damit, Weisungen von Vorgesetzten zu akzeptieren, die ich persönlich schätzte, deren fachliche Kompetenz mich jedoch nicht immer überzeugte. Das lässt sich allerdings im Berufskontext nicht vermeiden – es sei denn, man arbeitet ohne Vorgesetzte. Mit der Professur klappte die Ohne-Chef-Idee ganz gut. Ähnliches wollte ich auch bei meinen außeruniversitären Aktivitäten erreichen. Es ging mir nicht darum, ein großes Unternehmen aufzubauen oder wirtschaftlich unabhängig zu sein. Ich wollte maximal viel Gestaltungsspielraum haben. Vielleicht ist es einfach eine persönliche Macke.

Spielt der Freiheitsgedanke eine Rolle?

Freiheit klingt mir beinahe zu pathetisch. Vielleicht ist ein Stück weit Sturheit und „Unberatbarkeit" im Spiel. Mittlerweile, nach den mehr als zweieinhalb Jahrzehnten mit adesso habe ich den Eindruck, dass ich mich hier und da intensiver von Fachleuten hätte beraten lassen sollen. Das geschah aber nicht nur aus einem Freiheitsgedanken heraus, nein.

Ist es dann der Westfale in Ihnen?

Das stimmt, ja, ein perfekter Punkt.

Sie sind der überzeugende Beweis, dass man in verschiedenen Welten – Hochschule und Wirtschaft bzw. Unternehmertum – gleichermaßen aktiv und erfolgreich sein kann. Wie schätzen Sie die Situation im Hochschulbereich ein im Hinblick auf die Förderung von Entrepreneurship und unternehmerischen Talenten?

In meiner Studienzeit spielte dieses Thema keine Rolle. Alles hing vom einzelnen Hochschullehrer ab. Durch meinen Doktorvater Herbert Weber und seine Forschungsprojekte erhielt ich erste Impulse, die Anwendbarkeit von Forschungsergebnissen von Vornherein mitzudenken. In meinem Denken und Handeln ist dieses Vorgehen seitdem verankert. Aber wie gesagt, dieses Vorgehen bildete die Ausnahme und bis heute hat sich nicht grundlegend etwas geändert. In einer ‚klassischen' Hochschulkarriere fehlen weitüberwiegend praktische Erfahrungen aus der unternehmerischen Welt. Und damit fehlen insgesamt auch unternehmerische „Role Models". Gleichwohl beobachte ich aktuell eine deutliche Veränderungsbereitschaft. Hochschulen haben Transferstellen eingerichtet, um Ideen, Erfindungen oder Patente in wirtschaftliche Zusammenhänge zu überführen. Das Instrumentarium ist umfangreicher geworden und wird effizienter eingesetzt.

Warum gelingt dieses Wechselspiel an US-amerikanischen Universitäten aus Ihrer Sicht besser als an deutschen?

Das hat aus meiner Sicht sowohl historische als auch soziokulturelle Hintergründe. Europa profitiert seit dem 16. Jahrhundert von Gelehrten-Gesellschaften. Diese waren ein wichtiger Treiber für Innovationen und die Verbreitung von Wissen über Ländergrenzen hinaus. Bei diesem Erfolgsmodell für die Entwicklung von Wissen und der Academia in Europa setzen sich Fachleute mit Fachproblemen auseinander, tauschen sich aus. Dieses Verständnis ist tief verankert. Wissen und intellektuelle Schärfe, analytischer Sachverstand werden als wichtige Reputationsfaktoren angesehen. Es ist eine eigene Welt, die diskursorientiert, nicht praxis- oder anwendungsorientiert ist. Im Gegensatz zur ‚Neuen Welt', den USA – die entwicklungsbedingt kein grundsätzlich anderer Kulturkreis sind –, in der es um den Reputationsfaktor „Geld" ergänzt ist. Damit geht eine größere Selbstverständlichkeit einher, eigene Ideen und Wissen zusätzlich zu monetarisieren. Dieser Faktor spielt bei der wissenschaftsinternen Wertschätzung in Deutschland keine ausgeprägte Rolle, im Gegenteil, es entwertet, profanisiert die akademische Profession.

Gleichwohl gibt es eine deutliche Veränderungsbereitschaft, um Ideen, Erfindungen oder Patente aus der Forschung in wirtschaftliche Zusammenhänge zu überführen.

Persönlich hatte ich keine Probleme aufgrund meiner außeruniversitären Aktivitäten. Man muss seinen Beruf als Professor schon mit großer Demut ausüben. Der Verpflichtung in der Lehre, Forschung und auch der Administration kann und darf man sich nicht entziehen. Das muss überdurchschnittlich gut funktionieren, die Leistung muss stimmen. Wenn das gewährleistet ist, bleibt Raum für zusätzliche Engagements außerhalb der Universität.

Welchen Stellenwert hat die Third Mission, die Aktivitäten außerhalb von Lehre und Forschung an deutschen Universitäten und Hochschulen?

Technologietransfer als ihr wesentlicher Bestandteil wird – bei allen Fortschritten – eher als ein Anhängsel betrachtet. Ein positives Beispiel hingegen ist der Hochschulrat an der Universität Leipzig, hier erlebe ich eine große Unterstützung und Wertschätzung für die Kolleginnen und Kollegen, die das Thema vorantreiben. Allerdings nehme ich es in der Hochschullandschaft insgesamt nicht als einen kontinuierlichen Prozess wahr, der der

Qualitätssicherung oder dem Grundsatz der Chancennutzung unterliegt. Es gibt einzelne Fördermaßnahmen wie Existenzgründungsstipendien, technische Unterstützung oder kostenfreie Beratung. Aber, und das ist meine Erfahrung aus vier eigenen Ausgründungen: Mutiges, pragmatisches Handeln wird doch zu häufig noch überlagert von der nötigen Prozesssicherheit einer Universität. Am Ende müssen Unternehmer Risiken eingehen, Kunden ansprechen, persönlich überzeugen, das lässt sich prozessual nur in geringem Maße sicherstellen.

Wissen und intellektuelle Schärfe, analytischer Sachverstand werden in Europa als wichtige Reputationsfaktoren in der Wissenschaft angesehen.

Wäre die Verankerung des Themas Entrepreneurship in den Curricula nicht ein Ansatzpunkt für die notwendige Veränderung?

In den Studiengängen für Informatik und Wirtschaftsinformatik gibt es diese Lehrinhalte durchaus. Studierende schätzen die Angebote als nützlich und hilfreich. Aber noch einmal, es hängt vom jeweiligen Lehrstuhl ab, von der einzelnen Professorin, dem einzelnen Professor. Zu einer Breitenwirkung führt das nicht zwangsläufig, Lehrinhalte können nicht angeordnet werden.

Nun gibt es durchaus die Auffassung, dass Unternehmertum nicht gelehrt werden kann. Jeder, der selbst gegründet hat, kann sicher bestätigen, dass es nur bedingt hilft, wenn man sich theoretisch damit befasst hat …

Man muss bei diesem Thema unterscheiden: zwischen speziell fachbezogenen Angeboten wie Unternehmensführung, Innovationsmanagement oder Marketing für Studierende der Chemietechnik, Betriebswirtschaftslehre oder Wirtschaftsinformatik. Und der Überlegung, dieses spezifische Thema studiengangsübergreifend anzubieten. Diese Frage bringt Universitäten angesichts der Fülle und Spezifität der Lehrpläne schnell an ihre Grenzen. Ich halte es jedoch für möglich, dieses Thema in die Breite zu bringen. Eine Universität als Ganzes sollte sich damit auseinandersetzen, ein derart vernachlässigtes Thema zumindest prominenter in den universitären Kanon transportieren und Community Building betreiben. Dafür sind beispielsweise Ringvorlesungen geeignet, aber auch andere wissenschaftliche Formate. In diesem Rahmen können erfolgreiche Alumni, aufstrebende Gründerinnen und Gründer wie auch gestandene Unternehmerinnen und Unternehmer auftreten. Wobei für ein wirksames Community Building eine höhere Frequenz derartiger Veranstaltungen vonnöten ist, als das gegenwärtig der Fall ist. Die hierfür notwendige kontinuierliche Kommunikation und aufwendige Vor- und Nachbereitung ist und bleibt stark vom Engagement einzelner Personen abhängig. Mithin sind diese Aktivitäten kein originärer Bestandteil der Universitätskultur in Deutschland.

Mit Blick auf den Industriestandort Deutschland ist es unabdingbar, alle Möglichkeiten auszuschöpfen, um die Innovationskraft zu erhalten und zu erhöhen. Wie gelingt die Transformation, und welche Rolle spielt die Wissenschaft dabei?

Mein Bild von der Industrie und ihrer Innovationsfähigkeit und -freude ist ein durchaus positives. In den vergangenen zehn Jahren hat sich viel verändert. Verantwortliche sind offen für Zukunftsthemen und Innovationen, Produkte und Services. Und trotzdem ist jeder zusätzliche Impuls nützlich. Nehmen Sie zum Beispiel die Versicherungsbranche. Sie zeigt zunehmend Interesse an Ideen aus Start-ups und Universitäten. Die Entscheidungsprozesse verlaufen dann relativ langsam, aber das ist für diese Branche auch sinnvoll. Was kann man gebrauchen, wie können Modelle hegemonial gestaltet werden? Es gibt Beteiligungen oder projektbezogene Kooperationen, die nicht in erster Linie Venture Capital-orientiert sind. Aber es finden eindeutig Innovationsprozesse statt. Was das für Gründer bedeuten kann, steht auf einem anderen Blatt.

Und wie ist der Standort Deutschland in dem Sektor der Künstlichen Intelligenz aufgestellt?

Mit der Grundlagenforschung für KI ist es nicht völlig aussichtslos, wenn auch schwierig. Mit Aleph Alpha und seinen Gründern Jonas Andrulis und Samuel Weinbach haben wir zumindest ein Unternehmen, das seit seiner Gründung 2019 in mehreren Finanzierungsrunden nennenswerte Summen eingeworben hat. Dahinter steht ein leistungsfähiges Stiftungsmodell.

Im Gegensatz zu den USA, in der es um den Reputationsfaktor „Geld“ ergänzt ist. Damit geht eine größere Selbstverständlichkeit einher, eigene Ideen und Wissen zusätzlich zu monetarisieren.

Wenn wir die Entwicklung in der KI-Branche verfolgen, wird klar: Wir brauchen eine Infrastruktur und Modelle, die einigermaßen beherrschbar und vertrauenswürdig sind. Ob das ein europäisches Modell ist oder ein amerikanisches, ein kleines Large Language-Modell oder eines der Foundation-Modelle, muss im Einzelfall beurteilt werden. Ob sich die europäischen Hoffnungen erfüllen – mit Aleph Alpha, Mistral AI in Frankreich und weiteren kleineren Unternehmen –, hängt meiner Einschätzung nach in erster Linie von den Gründerinnen und Gründern ab. Zumal in einer konjunkturell angespannten Zeit. Die Bereitschaft, in derartige Ideen zu investieren, und zwar unabhängig von Konjunkturdaten, ist aktuell nicht groß genug. Dieser negative Wirkzusammenhang von steigenden bzw. sinkenden Zinsen, niedrigem VC und weiteren Faktoren beschädigt das gesamte Modell, insbesondere auch für eine Generation von potentiellen Gründern.

Es braucht antizyklisch Venture Capital ...

Ja, das braucht es.

Schauen wir abschließend auf die kommenden Jahre. Welche Themen würden Sie auf die Agenda für den Wirtschaftsstandort Deutschland setzen?

Auf die Agenda gehören Themen, die den Wirtschaftsstandort zukunftsfähig machen, das heißt, die die Rahmenbedingungen für unternehmerisches Handeln verbessern. Dazu gehören Steuerbegünstigung von Investitionen in Start-ups. Oder die staatliche Unterstützung bei der angesprochenen Antizyklizität von Venture Capital. Und der europäisch integrierte Kapitalmarkt. Weniger Regulierung. Fachliche Kompetenz in Regierungen und Ministerien. Wir alle – Universitäten, Städte, Länder und Bund – müssen mehr tun, um Start-ups zu unterstützen. Da geht es nicht nur um die kleinen „Drei-Mann-Start-ups", die die nächste frühe Kapitalrunde anstreben, sondern schließt diejenigen ein, die bereits eine Runde oder mehrere Runden weiter sind.

TOP 100
Top-Innovator
2024
top100.de

CONGRATS!

enpulse
bitpanda pro
MASCHMEYER GROUP
Business Punk
INVEST IN INNOVATION
cmblu

16. IDEE-FÖRDERPREIS
EINE WELT OHNE IDEEN? OHNE UNS!
1. PREIS 50.000 EURO

Professor Dr. Ralf Herbrich

Geschäftsführer des Hasso-Plattner-Instituts, vereint Wissenschaft und Wirtschaft ebenfalls in seinem Karriereweg – erweitert um eine globale Berufsperspektive in der Digitalwirtschaft mit dem Schwerpunkt Künstliche Intelligenz. Das Thema Gründer und Gründungen an deutschen Hochschulen in Verbindung mit der jahrzehntelangen Berufspraxis in US-amerikanischen Unternehmen wie Microsoft oder Amazon erfährt so noch einmal eine sehr grundlegende Managementfundierung.

„

Neugier war immer die treibende Kraft.

Herr Professor Herbrich, wir sind dem Gründergeist auf der Spur und den Gründern. Was hat Sie geprägt? Wie sind Sie dahin gekommen, wo Sie jetzt sind?

Neugier war immer die treibende Kraft. Schon während meines Studiums hat mich interessiert, wie man mit verschiedenen Berechnungen Intelligenz bekommt, gepaart mit einer Unzufriedenheit des bestehenden Wissens. Das wollen viele Wissenschaftler. Aber 2004 war der Punkt erreicht, wo durch eigene Hände Arbeit, durch eigene Kräfte und Gedanken einfach nicht genug Zeit blieb, das auch umzusetzen, was mir vorschwebte, und ich aktiv überlegte, wie ich meine Ideen noch mehr skalieren kann, denn die Zeit ist endlich. So entschloss ich mich, durch die Leitung von Teams in meinem Bereich wissenschaftliche Ergebnisse in Produkte umzuwandeln, zu skalieren, anstatt noch länger oder konzentrierter zu arbeiten. Unter anderem deswegen führte mich der Weg zurück in die Wissenschaft.

Sie haben im Ausland gearbeitet, Sie kennen auch die globale Perspektive. Wenn Sie auf den Standort Deutschland schauen, wie fällt Ihr Urteil aus?

Der Standort Deutschland bietet eine ganze Reihe von Vorteilen: eine ausgesprochen hohe Qualität in der Ausbildung von jungen Leuten. Wir haben gut ausgebildete Informatiker und Mathematiker. Deutschland weist, insbesondere in den Zentren, eine hohe Internationalität auf, durch die Einbindung von Arbeitskräften, die aus England, den USA, aus Spanien, Italien oder Indien kommen. Das ist sehr gut. Um Fachkräfte gewinnen zu können, ist es wichtig, dass man die Familien mitbringen kann. Da ist Deutschland ebenfalls gut aufgestellt, zumindest in den großen Städten wie Berlin und München. Und Deutschland hat in der Vergangenheit signifikant in die Grundlagenforschung im Bereich Künstliche Intelligenz investiert. Oft vergisst man, dass diese Investitionen bereits Mitte der 1990er Jahre begannen, dass große Lehrstühle in diesem jetzt aktuellen Bereich installiert wurden. Unsere Wissenschaftsstärke basiert auf diesen Investitionen, die seinerzeit getätigt wurden, darauf, dass die Bereitschaft dazu schon früh existierte. Das war eine Zeit, in der Computergrafik und Datenbanken die dominierende Domäne der Informatik waren, nicht Künstliche Intelligenz und schon gar nicht die Grundlagenforschung. Dennoch wurden diese Arbeiten frühzeitig gefördert. Und das lässt Deutschland schon einmal gut dastehen. Etwas schwieriger wird es, wenn man die Consumer-Seite mit ihren zu Recht strikten Anforderungen für Datenschutzregelungen betrachtet. Das bedeutet gleichzeitig, dass für die Forschung größere Freiräume, bessere Zugänge zu gesellschaftlich relevanten Daten fehlen, aus denen man Vorhersagen lernen kann für Forschungszwecke. Insofern ist Deutschland ein schwierigerer Standort für Innovationen als andere Länder.

Und gesellschaftlich betrachtet?

Ich habe ja in den USA gelebt, 20 Jahre lang für US-amerikanische Firmen gearbeitet, elf Jahre in England. Dort herrscht die Einstellung, nach dem zu schauen, was alles geht und nicht, was nicht geht. In Deutschland trifft man auch mal auf die Einstellung, nicht nach den Möglichkeiten zu schauen, sondern darauf, was schiefgehen könnte.

Sehen Sie eine Veränderung in den vergangenen Jahren, in die eine oder andere Richtung?

Bei den Studierenden sehe ich diesen Wunsch nach Veränderungen. Sie wollen erfinden, sie wollen bauen. Die junge Generation ist offener, willig, will die Möglichkeiten sehen. In meiner Wahrnehmung trauen sich viel mehr junge Menschen zu gründen als vor 20 Jahren. Der Trend in diese Richtung ist deutlich sichtbar.

Braucht es eine Art Zeitenwende speziell für Gründer und Gründungen?

Es darf nicht so lange dauern und ein so langwieriger und schwieriger Prozess sein, eine Unternehmung zu gründen und zu starten.

Ja, durchaus. Und das muss bedeuten, weniger Bürokratie vor allem in den frühen Phasen. Es ist gar nicht so neu, man muss es gar nicht Zeitenwende nennen, aber es braucht eine Veränderung. Es darf nicht so lange dauern und ein so langwieriger und schwieriger Prozess sein, eine Unternehmung zu gründen und zu starten. Das betrifft den Rechtsrahmen, der vereinfacht werden muss, ebenso wie das gesamte Anmeldeverfahren. Einige Gründer aus meinem Freundeskreis gründen gar nicht in Deutschland. Das empfinde ich als absurd, dass man in Deutschland lebt und in den USA gründet, einfach deshalb, weil es unkomplizierter ist.

Von Deutschland heißt es, dass zu wenig Venture Capital zur Verfügung gestellt wird. Sehen Sie Möglichkeiten, das zu ändern?

Das kann ich schwer beurteilen, wo und wie man das ändern kann. Was man ändern kann, ist die Einstellung beziehungsweise die Haltung. Das verlangt, glaube ich, eine andere ‚Denke', wie solche Investitionen getätigt werden. Dass zum Beispiel in Portfolios gedacht wird anstatt in einzelnen Investitionen.

Beim Thema Gründungen und Gründer wird in der Regel auf das Silicon Valley verwiesen. Ist es für Deutschland das passende Modell?

Es ist ja immer recht einfach zu sagen, wir kopieren Silicon Valley. Das haben in Berlin einige Kapitalgeber probiert und erfolgreich kopiert. Aber, wir haben ein anderes Arbeitsrecht, ein anderes Wertekonstrukt. Das Modell muss zu diesen beiden Kriterien passen, und das Valley-Modell passt hierzu eben nicht.

Die Themen Management, Führung und Entwicklung stellen eine besondere Dimension bei Start-ups dar. Wie führt und steuert man am besten ein Start-up vor allem in der frühen Phase?

Wie bei allen Fähigkeiten muss auch Management gelernt werden. Jeder, der gemanagt hat, wird Fehler gemacht haben, aus denen man lernen konnte. Heutzutage umfasst die Fachausbildung die Theorie der Informatik und das Programmieren. Was jedoch fehlt, ist die Vermittlung von Kenntnissen und das Erwerben von Fähigkeiten, wie man ein Team von drei, vier Leuten effektiv führt, wie man empathisch zusammenarbeitet, mit Mechanismen zu arbeiten und nicht alles selber zu machen. Was sich bei mir bezahlt gemacht hat, ist, authentisch und ehrlich zu sein. Und niemals davon auszugehen, dass man schon alles kann.

Was jedoch fehlt, ist die Vermittlung von Kenntnissen und das Erwerben von Fähigkeiten zu Teamführung und Zusammenarbeit.

Sie sprechen über die junge Generation, die Generation Z. Worin unterscheidet sie sich von vorangegangenen?

Zum Beispiel darin, wie man mit Rückschlägen umgeht. In der Erinnerung wurde in meiner Generation ein Fehler, der passierte, nicht beim Lehrer, sondern bei sich selbst gesehen. Das passiert heutzutage zu wenig. Ähnlich ist es, wenn etwas nicht funktioniert, dann einen Fehler bei sich selbst zu suchen. Das unterscheidet sich schon deutlich.

Woher kommen die künftigen Start-ups? Aus dem universitären Kontext oder entstehen sie eher zufällig?

Ich sehe das nicht diametral zueinanderstehend. Es ist wichtig, dass die Gründung aus einer wissenschaftlichen Arbeit entsteht. Und idealerweise erfolgt die Umsetzung der Ideen durch Gründungstransfer. Daher sollte die Gründung von Start-ups wie auch die Produktentwicklung schon mit im Curriculum enthalten sein und in dieser Phase unterstützt werden.

Sie sprachen über die junge Generation, die Sie ausbilden. Wenn Sie selbst noch einmal am Anfang der Karriere stünden, wen würden Sie um Rat fragen, von welchem Netzwerk träumen?

Wenn ich nochmal 20 sein könnte und den Zugang zu den Personen hätte, die ich heute kenne, würde ich auf jeden Fall Jeff Bezos konsultieren. Er hat mich am stärksten beeindruckt, im Hinblick auf das Unternehmerische und vor allem seine Art, wie er über neue Ideen und Technologien nachdenkt. Und ich hätte gern schon das Wissen gehabt über Gründungs- und Wirtschaftspläne. Dann hätte ich viele Fehler vermieden.

Dann wären es vermutlich andere gewesen …

… das ist ein wichtiger Punkt, den ich unbedingt nennen will. Der größte Lernzuwachs in den vergangenen 30 Jahren ergab sich aus den Fehlern, nicht über die erreichten Erfolge. Insofern hatten sie unbedingt auch etwas Gutes. Ich wäre bei Weitem nicht die Person, die ich heute bin, ohne all die Fehler, die ich gemacht habe – beim Gründen, im wissenschaftlichen Arbeiten, in Management und Leitung, im Entwickeln. Von daher möchte ich keinen von ihnen missen.

Von welchen Learnings, die Sie mitbrachten, profitiert das Hasso-Plattner-Institut am stärksten?

Wie managt man Veränderung, auch Wachstum, ohne dass die Unternehmenskultur auf der Strecke bleibt.

In meinem Leben habe ich mehrmals etwas von Null kreieren müssen. Angefangen von einem 1999 gegründeten Start-up bis hin zum Aufbau des Amazon Development Center Germany. Bei Microsoft musste ich in neun Jahren ein Innovationsteam innerhalb einer großen Organisation aufbauen. Dort habe ich viel über Company Politics gelernt und mit welchem Fokus man in einer großen Organisation agieren muss, um überhaupt langfristig Erfolg zu haben. Oder die Möglichkeit, bei Amazon ab 2012 den Bereich Forschung und Entwicklung in Deutschland zu etablieren. Ich durfte innerhalb von zwei Jahren von der Pike auf eine komplette

Organisation mit aufbauen: die gesamte Struktur, das Personal, die Gebäudeverwaltung und IT. Und das so skalieren, dass die Organisation sich alle sechs Monate verdoppelt. Nach sieben Jahren waren 1.000 Mitarbeiter in vier Büros an den Standorten Berlin, Dresden, Aachen und Tübingen tätig. Wie managt man Veränderung, wie managt man auch Wachstum, ohne dass die Unternehmenskultur auf der Strecke bleibt. Das HPI beging kürzlich sein 25-jähriges Jubiläum. Das Institut wächst auch sehr stark und kann von meiner Erfahrung profitieren.

Abschließend noch eine übergeordnete Frage. Welche Punkte würden Sie, als Einflussgeber und Einflussnehmer, in Ihre politische Agenda der nächsten zehn Jahre aufnehmen?

Deutschland hat aus meiner Sicht eine Riesenchance, den gesamten Energiesektor, wissenschaftlich und auch von der Unternehmensseite, erfolgreich zu gestalten. Auf die kommenden sechs, sieben Jahre hin. Nur weil Tesla Elektrobatterien baut, ist überhaupt noch nicht alles entschieden in diesem Sektor. Es gibt noch so viel in dem gesamten Energiebereich zu erfinden, um Energie effizient zu verteilen, Energie effizient zu gewinnen. Das wäre für mich ein Fokus, es bildet in meiner Forschung nicht von ungefähr einen Schwerpunkt. Ganz im Gegensatz zu Online, Internet, Social Networking, E-Commerce, da ist die Situation eine andere. Aber: Niemand will seinen Lebensstandard verringern, daher kann das Problem der Energieversorgung nicht durch weniger Konsum gelöst werden. Das wiederum bedeutet, die Energiefrage ist in 20 Jahren noch relevant.

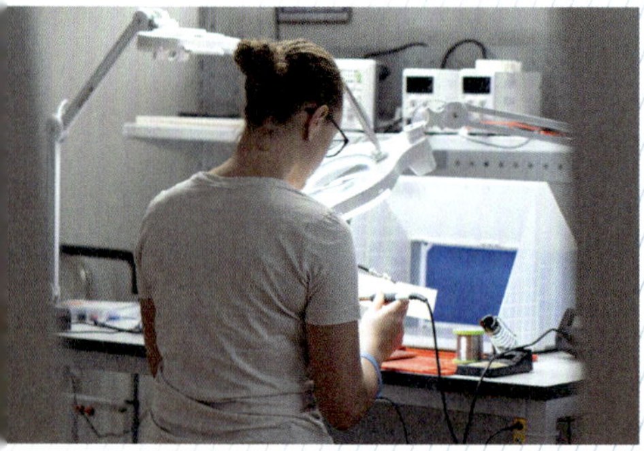

App architecture

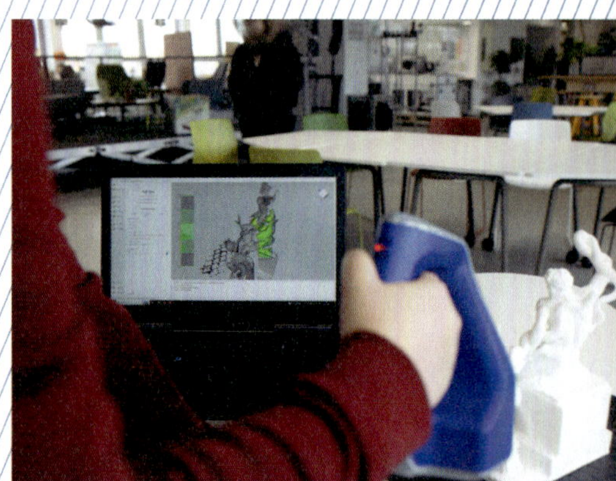

SILIXON 25
Komponente Basis
500g
040222
01.08.2023

Professor Dr. Sabina Jeschke

Wissenschaftlerin, Gründerin und CEO des KI Park e.V., setzt sich als Führungskraft wie Wissenschaftlerin sehr grundsätzlich mit der Transformation des Industriestandorts Deutschland im globalen Wettbewerb auseinander. Die Herausforderungen des Technologietransfers aus den Hochschulen, aber auch die Zusammenarbeit etablierter Unternehmen mit Start-ups sind ihre zentralen Themen als Managerin mit Führungsverantwortung. Die dafür notwendigen besseren Rahmenbedingungen und infrastrukturellen Voraussetzungen zu schaffen, ein höheres Tempo bei den Entscheidungen einzuschlagen, gehören zu ihrem Forderungskatalog.

„

Ich möchte ein starkes Europa sehen.

Frau Professor Jeschke, als Expertin für Künstliche Intelligenz sowie digitale Transformation engagieren Sie sich stark für den Technologiestandort Deutschland. Erzählen Sie uns ein wenig über Ihren Werdegang.

Geboren bin ich als Kind deutscher Eltern in Schweden, mein Vater baute in Skandinavien Kernkraftwerke. Die Weichen für mein Interesse an den Naturwissenschaften wurde in der Familie gelegt. Ich studierte Physik, Mathematik, später auch Informatik, wo ich im angrenzenden Bereich der Künstlichen Intelligenz promovierte. Mein wissenschaftlicher Werdegang führte mich über verschiedene Stationen, unter anderem bei der NASA, zu Professuren an führenden Technischen Hochschulen wie der RWTH Aachen. Das wissenschaftliche Arbeiten mochte ich seit dem Studium, anfangs ging ich sogar davon aus, dass ich lebenslang in der Wissenschaft verbleiben würde.

Meine Schwerpunkte lagen recht früh schon in den Ingenieurwissenschaften, und über das Fach im engen Sinne hinaus war und bin ich an dem Transfer wissenschaftlicher Erkenntnisse in die Industrie interessiert. Anders gesagt, geht es mir um Technologie und Konnektivität, darum, Techniken zur Interprozesskommunikation (RPC) und zu virtuellen Welten stets mitzudenken. Einen Algorithmus zu schreiben, ist die eine Seite. Die andere Seite, die deutlich mehr Zeit in Anspruch nimmt, besteht in der Überführung in die Industrie, das heißt die Anpassung an die Governance-Strukturen, die Implementierung bzw. Integrierung in vorhandene Systeme oder Aspekte der Nachhaltigkeit. Das führte schließlich zu der Entscheidung, in die Wirtschaft zu wechseln. Das Angebot der Deutschen Bahn, den Vorstand Digitalisierung und Technologie zu übernehmen, erschien mir wie ein ‚Geschenk des Himmels'. Es reizte mich sehr, in einem Konzern die beschriebenen beiden Welten – Technologie und Transfer – zusammenzubringen. Sei es, um Digital Ventures für das Unternehmen zu entwickeln oder strategische Start-ups zu eruieren, die spezifische Produkte entwickeln, die für das Unternehmen von Bedeutung sein können.

Dreieinhalb Jahre war ich in dieser Funktion tätig. Dann führte mich der Weg in die Start-up-Welt, wo ich recht selbstbestimmt agieren, wo rasch entschieden und umgesetzt werden kann und auch muss. In meiner Arbeit als Vorstandsvorsitzende des KI Parks wie auch als Beraterin in diversen Technologiefeldern, als Speakerin und als Aufsichtsrat mit großen Mandaten verbinden sich das Wissen und die Erfahrungen aus all diesen Stationen. Für mich bedeutet das, die Möglichkeit zu haben, über evolutionäre Schritte hinaus verstärkt wieder „revolutionärer" zu wirken.

Gibt es Persönlichkeiten, die Sie auf diesem Weg mitprägten?

Das sind entlang meines Lebens recht unterschiedliche Menschen: mein Astrophysik-Professor Erwin Sedlmayr, der mir half, Stipendiatin der Studienstiftung des deutschen Volkes werden zu können und den Weg zur NASA ebnete. Oder der ehemalige Präsident der TU Berlin, Kurt Kutzler. Oder, in einer ganz anderen beruflichen Phase, der Manager Siegfried Russwurm und Peter Mertens von Volvo. Es waren zu einzelnen Fragen in bestimmten Lebensphasen für mich wichtige Mentoren und Gesprächspartner.

Wie schätzen Sie den Technologiestandort Deutschland im internationalen Vergleich ein?

Deutschland ist führend in klassischen Ingenieurwissenschaften und etablierten Technologien, beispielsweise im Maschinenbau oder in der Automobilindustrie. Bei digitalen Technologien hingegen, insbesondere Software und Künstliche Intelligenz, sind wir im Rückstand. Außer SAP haben wir in Deutschland kein echtes Digitalisierungsunternehmen im DAX 40. Während in den USA und China massiv in digitale Innovationen investiert wird, sehen wir in unserem Land noch zu wenig Dynamik. Dabei haben wir hervorragende Talente und eine sehr gute Fachausbildung, allerdings liegt der Schwerpunkt in Deutschland zu häufig und zu stark auf traditionellen, vertrauten Gebieten. Dabei müssten wir lediglich die Rahmenbedingungen schaffen, um zukunftsträchtige Schwerpunkte besser zu fördern und in Deutschland zu halten.

Welche Rolle spielen Start-ups in den Transformationsprozessen von Unternehmen?

Generell lässt sich sagen, dass der Zusammenarbeit zwischen etablierten Unternehmen und Start-ups eine essentielle Funktion zukommt. Großunternehmen können Start-ups als strategische Partner nutzen – entweder als Investoren oder als erste Kunden. Noch gibt es zu wenige institutionalisierte Kooperationen, um Innovationen schneller in die Praxis zu überführen. Daher sind Initiativen wie Corporate Venture-Studios oder spezifische Förderprogramme für Ausgründungen von Unternehmen besonders wichtig. Bei diesem Modell finden sich typischerweise ehemalige Vorstände zusammen, legen Fonds auf, generieren Ideen und investieren entweder in ganz junge Start-ups oder gehen mit neuen Ideen in solche Teams.

In diesen Zusammenhang ist auch eine Organisation wie der KI Park in Berlin, den ich leite, einzuordnen. Wir sind 180 Mitglieder, etwa 100 von ihnen sind Start-ups, die weiteren 80 Mitglieder sind politische Verbände, Industrieunternehmen etc. Wir haben uns zur Aufgabe gemacht, KI-Innovationen „Made in Germany und Europe", die die Zukunft von Industrie und Gesellschaft maßgeblich bestimmen werden, zu beschleunigen. Unser Fokus liegt auf denjenigen KI-Technologien wie z. B. Generative KI, Quantum Machine Learning, AI in 5G & 6G, Synthetische Daten oder NLP. Und hierbei gezielt die Start-ups mit den Industriepartnern zusammenzubringen – das ist für beide Seiten sehr fruchtbar.

Kommen wir noch einmal auf die Universitäten zurück. Welche Herausforderungen sehen Sie im Bereich des Technologietransfers mit der Wirtschaft?

Der Technologietransfer ist essentiell, um Innovationen aus der Forschung in die Praxis zu überführen. Die Universitäten und Hochschulen in Deutschland weisen in großer Breite – und nicht nur wie in den USA in der Ive League – starke wissenschaftliche Leistungen auf. Hinzukommen die außeruniversitären Forschungseinrichtungen. Allerdings fehlt es, von Ausnahmen abgesehen, im Hochschulbereich oft an der systematischen Förderung von Unternehmungen, an effizienten Mechanismen, um diese Erkenntnisse wirtschaftlich nutzbar zu machen, sie in marktfähige Produkte zu überführen.

Und das betrifft in Bezug auf geeignete Strukturen und Rahmenbedingungen zwei Ebenen: Wissenschaftler und Studierende. Zum Ersten könnten Universitäten beispielsweise flexiblere Freistellungsmodelle anbieten, erleichterte Übergänge zwischen Wissenschaft und Wirtschaft, ähnlich wie in den USA, wo Professoren zeitweise in Unternehmen tätig sind und umgekehrt. Oder auch Modelle für exzellente Wissenschaftler entwickeln, die großartige Ideen haben, aber keine oder nur sehr geringe Erfahrungen im Unternehmensaufbau. Das kann im Kern gleichermaßen für die außeruniversitären Institute gelten. Und zum Zweiten müssten in den Curricula stärker anwendungsorientierte Bestandteile zur Förderung und Herausbildung unternehmerischen Denkens und von Risikobereitschaft berücksichtigt werden. Und wir müssen uns systematisch darum kümmern, dass internationale Studenten und Absolventen bei uns im Land bleiben – hier, wo sie ausgebildet worden sind.

Zu den Rahmenbedingungen für einen erfolgreichen Technologietransfer gehört zweifelsohne auch die Klärung der Rechte am geistigen Eigentum. Dieser Aspekt verhindert in Deutschland häufig Hochschulausgründungen.

IP-Rechte sind für Start-ups aus dem Hochschulbereich ein kritischer Faktor. In Deutschland sind die Regelungen häufig komplex und unattraktiv für Gründer. Universitäten behalten oft die Rechte an Erfindungen, was den Gründern wenig Spielraum für eine wirtschaftliche Nutzung gibt. Hier braucht es dringend Reformen, die es Forschern erleichtern, ihre Erfindungen zu kommerzialisieren. In den USA gibt es deutlich flexiblere Modelle, die es Forschern erlauben, ihre Erfindungen mit weniger Restriktionen in Unternehmen zu überführen.

Ein zentraler Kritikpunkt am Technologiestandort Deutschland bezieht sich auf die regulatorischen und bürokratischen Aspekte. Was muss sich in der Regulierung ändern, um Innovationen besser zu fördern?

Die Regulierungslandschaft in Europa ist oft hinderlich für innovative Unternehmen. Der 2024 in Kraft getretene AI Act der Europäischen Union beispielsweise schafft mehr Unsicherheit als Klarheit. Viele Vorgaben sind vage oder übermäßig restriktiv, was dazu führen kann, dass Unternehmen KI-Entwicklungen lieber in den USA oder in Asien ansiedeln. Anstatt einen übermäßig restriktiven Rahmen zu setzen, braucht es Anreize, die Innovation ermöglichen, ohne die technologische Entwicklung ‚abzuwürgen'. Und zwar über alle Entwicklungsphasen hinweg. Ebenso brauchen wir eine stärkere Risikokultur und eine Erleichterung für Unternehmensgründungen aus der Wissenschaft heraus. Europa sollte sich insgesamt stärker als Innovationsstandort positionieren, anstatt sich durch Überregulierung selbst zu behindern.

Eines der wichtigsten Themen der kommenden Jahre ist Quantencomputing, weil es andere Themen wie KI massiv beeinflusst.

Für Start-ups hat Deutschland einige gute Förderprogramme, etwa EXIST, aber die bürokratischen Bestimmungen, auf denen die Förderung beruht, ist oft erdrückend. Gründer verlieren wertvolle Zeit mit extrem aufwendigen Antragsverfahren, anstatt sich auf ihr Produkt und den Markteintritt zu konzentrieren. Zudem brauchen wir, wie erwähnt, eine stärkere Vernetzung zwischen Start-ups und etablierten Unternehmen, damit Innovationen schneller skaliert werden können. Die USA können hierbei als Vorbild dienen: Dort arbeiten Start-ups häufig sehr früh mit Großkonzernen zusammen, um Pilotprojekte zu realisieren. In Deutschland ist diese Kultur noch zu gering entwickelt.

Wie lässt dieser Rückstand Deutschlands im internationalen Wettbewerb aufholen?

Dazu müssen wir in mehreren Bereichen aufholen: erstens bei der Digitalisierung, zweitens, indem die Geschwindigkeit der Entscheidungsprozesse erhöht wird und drittens bei der Finanzierung von Start-ups. Eines der wichtigsten Themen der kommenden Jahre ist Quantencomputing, weil es andere Themen wie KI massiv beeinflusst.

Es ist bekannt, dass viele Innovationen nicht an mangelnder Technologie scheitern, sondern an regulatorischen Hürden und fehlenden Investoren. Der Kapitalmarkt ist weniger risikofreudig als in den USA, deutsche Investoren agieren oft zu vorsichtig. Hier wäre ein kultureller Wandel nötig, um Innovationen mutiger zu finanzieren und regulatorische Bremsen zu lösen. Es ist die Wirtschaft, in erster Linie jedoch die Politik gefordert – es muss eine gemeinsame Anstrengung sein, nur dann wird es gelingen.

Angesichts all dessen: Was würden Sie jungen Gründern raten?

Ich würde, wenn es sich um Studierende handelt, raten, ihr Studium zu beenden, auch wenn sie dafür länger benötigen, zumal wenn sie parallel schon mit einer Gründung beginnen. Man benötigt eine Fallback-Konstruktion. Und gegebenenfalls beginnt man, für eine bestimme Zeit in einem Unternehmen zu arbeiten. Junge Gründungen scheitern oft nicht an der Idee, sondern daran, dass sie noch über zu wenig Lebens- und Managementerfahrungen verfügen. Und ich würde jungen Gründern raten, so früh wie möglich praktische Erfahrungen zu sammeln und ein starkes, belastbares Netzwerk aufzubauen. Außerdem ist es wichtig, sich nicht von bürokratischen Hemmnissen oder anfänglichen Rückschlägen entmutigen zu lassen – jeder erfolgreiche Gründer hat irgendwann Misserfolge erlebt, aber entscheidend ist, wie man darauf reagiert. Gründen ist ein Marathon, kein Sprint, und wer langfristig erfolgreich sein will, sollte bereit sein, Fehler zu machen und aus ihnen zu lernen.

Gründen ist ein Marathon, kein Sprint, und wer langfristig erfolgreich sein will, sollte bereit sein, Fehler zu machen und aus ihnen zu lernen.

TALPA
SOLUTIONS

TALPA
TALPA

Josef Brunner

Gründer und CEO von NutriUnited, zeichnet anhand seines eigenen Karrierewegs die Konturen von Gründerprofilen und -typologien im Allgemeinen nach. Daraus ergeben sich weiterführend Charakterbilder und Motivationsfaktoren, die einen möglichen Schlüssel zum Erfolg darstellen. Dabei rückt die aktuelle Gründergeneration in den Fokus, vor allem aber auch potentielle Besonderheiten migrantischen Unternehmertums – integraler Bestandteil eines „Zielbildes Deutschland", das von Zusammenhalt und Respekt untereinander geprägt sein sollte.

„

Es ist dieser Dreiklang aus Intuition, innerem Hunger und Aggressivität mit Technizität ...

Herr Brunner, wir erkunden in unseren Gesprächen, wie es um Gründergeist und Unternehmertum in dieser Republik bestellt ist, wie wir die Zukunft erfolgreich gestalten können. Wir lesen allenthalben Negatives zum Wirtschaftsstandort und was alles schlecht läuft. Dabei gibt es noch viele Persönlichkeiten – in Ausbildung und Forschung, in der Industrie, bei Start-ups –, die anpacken, entwickeln und verbessern wollen. Ein Blick auf verschiedenste Lebensläufe sollen das Bild begreifbarer werden lassen. Deshalb zunächst die Frage, wie wurden Sie Unternehmer, Gründer, Investor?

Ich komme aus einem Bäckerhaushalt, meine Eltern hatten eine eigene Bäckerei in einem Vorort von München. Dort bin ich sehr wohlbehütet aufgewachsen. Als Kind schon hatte ich eine große Faszination für Zahlen und wollte Quantenmechanik studieren. In den 1980er Jahren war es noch ein kleiner Teilbereich der Physik. Ich empfand es als eine Stephen-Hawking-Zeit. Er war ähnlich schüchtern wie ich und las viel in der Schule. Ich fühlte mich ihm nahe, das ist bis heute so geblieben. Nicht zuletzt weil ich im Grunde mit Menschen nur ungern zu tun habe, als Kind und Jugendlicher war das noch viel weniger der Fall. Ich setzte mir also zum Ziel, in der Quantenmechanik zu arbeiten. Zu dieser Zeit stürzte die Bäckerei meiner Eltern in die Insolvenz, wir verloren das Haus, waren eine Zeit lang sogar ohne ein Zuhause, wohnten in Ferienwohnungen. Das war einschneidend, existenziell. In dieser Situation beschloss ich zu versuchen, etwas zum Familieneinkommen beizutragen. Es gab noch keine institutionalisierte Start-up-Welt, das stellte sich als ein großer Vorteil raus. Ich startete ziemlich blauäugig und naiv in die Selbstständigkeit, ging in die Schweiz, gründete eine kleine Firma für Cybersecurity, die ich im Alter von 18 Jahren verkaufen konnte. Von diesem Geld kaufte ich meinen Eltern ein Haus, und mit dem Rest gründete ich die zweite Firma. So ging es dann weiter.

Auf diesem Weg begegnete ich für mich sehr wichtigen Menschen. Einer von ihnen, Tom Noonan, ein extrem erfolgreicher US-Investor, wurde mit 30 Jahren Milliardär und gründete Internet Security Systems, mit einem Investment von 6 Millionen Dollar Eigenkapital, über Visa Credit Cards, Bootstrapping, echt cool. Er cashte dann aus und verkaufte die Firma für 1,9 Milliarden Dollar an IBM. Er ist, ein Vierteljahrhundert später, auch bei meinem neuesten Unternehmen mein Co-Founder. Der Zweite, John Chambers, CEO von Cisco, gab mir ebenfalls sehr viele, wichtige Impulse. Er kaufte eine meiner Firmen, wie Tom Noonan auch. Und der Dritte, Henry Kravis, Gründer der Private Equity Gesellschaft KKR, brachte mir viel über Bescheidenheit und Bodenständigkeit bei. Das versuche ich jetzt auch weiterzugeben. Vier Exits und Transaktionen und einen IPO, einen Börsengang habe ich im Laufe der Jahre machen dürfen.

Ein „Sprung" von der Bäckerei hin zur Quantentechnik, und das in einer extremen Krisensituation, das ist nun wirklich nicht gewöhnlich. Wie haben Sie diese Jahre erlebt?

Das Unternehmertum per se ist nicht leicht. Aber das zu starten, war sehr, sehr leicht.

Es war an sich nicht schwer, diesen Schritt zu gehen. Wohin willst du, obdachlos und pleite, weiter fallen? Wenn ich zurückschaue, war es sehr befreiend, diese Leichtigkeit und Naivität des Anfangs. Das verliert sich etwas, je erfahrener und auch routinierter man wird. Mittlerweile habe ich mein sechstes Unternehmen gegründet, und dieser Punkt hat mich einige Zeit beschäftigt. Das Unternehmertum per se ist nicht leicht. Aber das zu starten, war sehr, sehr leicht. Ich hatte schon sehr früh angefangen, selbst zu programmieren und war damit schon mittendrin in der Thematik, musste es nun „nur noch" monetarisieren. Das Umfeld war zu dieser Zeit ein ganz und gar anderes. Mit einem Cyber Security-Unternehmen erfolgreich zu sein, war signifikant einfacher als heute, denn es gab keinerlei Wettbewerb in Europa.

Zu welchem Typus Gründer zählen Sie sich, dem, der auf eher praktischem Do-it-yourself-Weg die Trigger mitbringt oder der über den Weg der Hochschulbildung in die Gründung kommt?

Das ist eine interessante Frage, wenngleich eine akademische, die ich wiederum als Teil eines größeren Problems ansehe. Was macht aus meiner Sicht Unternehmen richtig erfolgreich? Das sind Resilienz, Widerstandsfähigkeit, die Fähigkeit, kreativ zu denken, Punkte, die nicht verbunden sind, miteinander zu verbinden und die Fähigkeit, dafür zur sorgen, dass man es eben nicht zerstören kann. Das sind die Kernstränge der DNA eines erfolgreichen Unternehmens. Und je akademischer die Herangehensweise wird, desto komplizierter wird sie auch. Aus diesem Grund mag ich persönlich diese Art der Professionalisierung nicht, weil es mit sich bringt, stark in Templates, Businessplänen, in Strukturen zu denken und zu handeln. Ich halte dies im höchsten Maße für gefährlich – auf der unternehmerischen Seite, nicht der Entwicklungsseite von Produktinnovationen. Da werden technische Fähigkeiten gebraucht, um etwas zu entwickeln. Aber rein unternehmerisch gilt aus meiner Sicht, dass, je leichter dein Gepäck ist und je mehr Bauchgefühl und Intuition du hast, desto vorteilhafter es für das Business zwischen Menschen ist. Kurz gesagt, ich mag die Überakademisierung und dieses Theoretisierende nicht so sehr.

Sie sind das, was man einen Serial Entrepreneur nennt. Welches Motiv treibt Sie an, immer wieder etwas Neues zu gründen. Wohlstand, finanzielle Freiheit? Oder nichts von alldem?

Das hat sich über die Zeit geändert und lange Zeit wusste ich nicht, was es war. Inzwischen weiß ich es. Begonnen hat es bei mir aus einem absoluten Wohlstandsdurst heraus. Ich wollte meinen Eltern wieder ein besseres Leben geben und mir damit auch. Und so war ich sehr, sehr lange ein Getriebener, 20 Jahre mindestens. Zu meinem Glück wurde da noch nicht so viel über Purpose gesprochen, denn durch diese Diskussionen zu ‚weicheren' Themen wie Purpose, Work Life Balance lenkt man, so empfinde ich es, den Fokus vom Eigentlichen ab. Junge Menschen werden dadurch eher verwirrt oder abgelenkt als dass sie in eine zielführende Richtung gebracht werden, denn mit 20 Jahren hat jeder mehr oder weniger eine Sinnkrise. Kurzum, ich wollte reich sein. Dieses Motiv kann man mögen oder auch nicht, aber so war es bei mir, geprägt von dieser Kindheitserfahrung. Als ich das geschafft hatte, veränderte sich mein Leben nicht, und das Getriebensein verschwand nicht, was eine Sinnkrise hervorrief. Und die war gar nicht leicht zu überwinden, bis ich irgendwann aufhörte, das wieder zu sehr zu verkomplizieren. Mir macht es einfach Spaß, Unternehmen zu bauen. Vielleicht spielt eine Portion Ego mit hinein; positiv formuliert, bin ich neugierig. Die Wahrheit liegt wahrscheinlich irgendwo in der Mitte.

Mir macht es einfach Spaß, Unternehmen zu bauen.

Welche Rolle spielen aus Ihrer Erfahrung diese sehr persönlichen Motivationsfaktoren, gepaart natürlich mit Fähigkeiten? Im Zusammenhang mit dem Wirtschaftsstandort Deutschland wird permanent über Innovationsstau, effektives Unternehmertum diskutiert und darüber, dass „mehr passieren" muss …

Es muss mehr passieren, unbedingt, und es kann auch mehr passieren. Eine Komponente, die mir bei vielen Diskussionen zu dieser Frage fehlt, ist der Antrieb, der ‚innere Hunger'. Wissen oder Fähigkeiten zu haben bedeutet nicht, sie erfolgreich in ein unternehmerisches Gewand packen zu können. Das funktioniert dann am besten, wenn du einen extremen Antrieb und einen extremen ‚inneren Hunger' hast. Aus meiner Sicht passiert das in den USA hervorragend. Dort haben sie es geschafft, Migranten in unternehmerische Karrieren hineinzuheben, auch über ihr Ausbildungssystem. Das ist gut, denn sie haben nachvollziehbarerweise einen größeren Hunger als Kinder, die im Wohlstand geboren sind. Man mag das mögen oder nicht mögen, aber es ist halt so. Arm aufgewachsen zu sein, macht dich einfach hungriger. Diesen Aspekt darf man nicht vergessen, wenn wir über das Unternehmertum sprechen. Denn es bildet die Klammer, wie Technizität und Ausbildung zusammenzubringen sind. Jemanden hineinzunehmen, der zum Beispiel Intuition mitbringt, Hunger und im positiven Sinne die Aggressivität. Jemanden hineinzunehmen, der die technischen Fähigkeiten mitbringt, der vielleicht eher introvertiert ist und die Zahlen beherrscht, aber dadurch eine ganz wichtige Funktion hat, zum Standing beiträgt. Akademiker und Nichtakademiker, diese wohlverstandene Diversität. So wie es das Gründungsbüro München praktiziert, weil man nicht nur aus dem universitären Umfeld heraus gründen kann, sondern es auch verbunden wird mit der Gründerszene und so auch Themenfremde oder Nichtakademiker mit hineingebracht werden.

Dieser Dreiklang aus Hunger, Aggressivität mit Technizität, das könnte aus dem universitären Umfeld kommen.

Eine solche Vorgehensweise kann schon ein Schlüssel zum Erfolg sein, komplementiert mit geeigneten Rahmenbedingungen, die die Politik setzt. Zurzeit betreiben wir ja keine Standortpolitik, und diese Einschätzung bedeutet nicht, Politik-Bashing zu betreiben. Nehmen wir den Inflation Reduction Act der USA zum Beispiel, dessen großer Pfeiler Energy Independence bildet, nicht unbedingt erneuerbare Energien. Dort sieht man auch viele Talente aus Deutschland, wie Marvel Fusion, um ein prominentes Beispiel zu nennen, die in Deutschland nicht die notwendigen finanziellen und regulatorischen Rahmenbedingungen hatten und deshalb in den Inflation Reduction Act wechselten.

Das ist unter anderem deshalb bedauerlich, weil Marvel und ähnliche Energieunternehmen nicht nur für erfolgreiche Unternehmen stehen, sondern eben auch Grundlagenforschung prototypisieren. Wenn sie abwandern, wandert diese IP und eine bestimmte Infrastruktur ab, die für die Zukunft elementar wichtig ist. Dieser Dreiklang aus Hunger, Aggressivität mit Technizität, das könnte aus dem universitären Umfeld kommen. Dann ein klares Verständnis, wer wir als Volkswirtschaft sein wollen, Rahmenbedingungen mit Politik und Standort zu kombinieren, das wäre ein Weg, wie man die unterschiedlichen Vorteile zusammenbringt.

Wie finden wir mehr ‚Hungrige', die bereit sind, diese Risikoschritte zu nehmen, zu starten, vielleicht auch zu scheitern und wieder zu starten? Haben wir generell zu wenige von ihnen und besteht ein Negativzusammenhang mit unserer Wohlstandsgesellschaft? Oder haben wir doch genügend und sie müssen stärker „angelockt" bzw. aktiviert werden?

Das ist eine valide Frage, weil sie das Licht auf eine der zentralen Herausforderungen wirft. Bei Veranstaltungen im institutionalisierten Start-up-Building-Bereich, zum Beispiel zum Thema Venture Capital, beobachte ich eine gewisse Tendenz, sehr auf äußeres Verhalten zu reagieren, schneller Dampfplauderern, Entertainern, sehr Extrovertierten mehr Gehör zu geben als den eher Ruhigen, Schüchternen, zeitweise Zweifelnden. In der Realität kann man als Gründer auch kurzzeitig mal einen „Dämon“ in sich tragen, Zweifel, was zu einer unglaublichen Resilienz oder Stärke, zu mehr Tiefgang führen kann. Und wenn wir, ohne eine politische Wertung vorzunehmen, Unternehmer der jüngeren Vergangenheit anschauen, dann sind es keine Leichtgeister. Sie stürmen, unabhängig vom Wohlstand und dem Erreichten, immer weiter nach vorn. Für mich ist in diesem Zusammenhang interessant, welche dieser Charaktere wir nicht finden, weil sie nicht Teil dieses Start-up-Rasters sind. Im Mittelstand gibt es sehr viele zurückhaltende Unternehmer und Unternehmerinnen, die einfach ihren Job erledigen und nicht nach Öffentlichkeit lechzen in dieser instagramablen Welt. Das ist eine große Herausforderung, sie zu finden, zu fördern, weil die wahrscheinlich resilienter sind.

Im Mittelstand gibt es sehr viele zurückhaltende Unternehmer und Unternehmerinnen, die einfach ihren Job erledigen und nicht nach Öffentlichkeit lechzen in dieser instagramablen Welt.

Wie erleben Sie speziell die junge Generation? Welche Ähnlichkeiten gibt es im Vergleich mit vergangenen Unternehmergenerationen, worin unterscheiden sie sich?

Mit wenigen Ausnahmen vollzog sich in der Geschichte immer dieser Dreiklang der Generationen: want to make it, want to spend it, want to waste it. Ob in Deutschland, Europa oder selbst in China. Eine der wenigen Nationen, die sich aus meiner Sicht im höchsten Maße bewundernswert gegen diesen Dreiklang wehrt, sind die USA. Wenn man mit Politikern und Unternehmern darüber spricht, besteht Einigkeit darin, dass es mit dem starken migrantischen Unternehmertum zusammenhängt, dass in starkem Maße mit über die Hochschulen ermöglicht wird. Hungrige, intelligente junge Menschen in Ausbildung zu bringen und dann Sprungbretter ins Unternehmertum ohne soziale Fallschirme zu bauen. Das erzeugt Druck. Eine Hypothese von mir, die völlig falsch sein kann, lautet, wenn du mehr oder weniger mittellos bist, weißt, du darfst nicht scheitern, weil es ansonsten deinen finanziellen Tod bedeutet, läufst du einfach weiter. Für mich ist es faszinierend, wie lange die USA es schon schaffen, dieses Unternehmertum mit all seinen, auch sozialen, Herausforderungen zu bewerkstelligen. Verbunden mit dem Anspruch „the greatest country in the world“ und „the greatest companies in the world“. Das ist unglaublich beeindruckend.

Es täte uns gut, dieses System genauer anzusehen, es zu verstehen und dann zu versuchen, den Fokus wieder auf den ‚Hunger‘ und die Selbstverwirklichung im ursprünglichen

Sinne zu legen. Von den Irrwegen durch Social Media abzukommen, diesem Haschen nach Likes, diesem Zwang, sich zu vergleichen. Es ist das Gegenteil von Einmaligkeit. Und zum Weiteren: Ultimative Freiheit bedeutet ja auch, sich selbst zu verwirklichen. Und das kann als Krankenschwester genauso sein wie als Bildhauer und als Unternehmer. Gesellschaftlich betrachtet, fände ich es deshalb gut, wenn wir darauf wieder stärker den Fokus legen würden. Dass die Kinder wirklich glücklich sind und nicht verwirrt werden durch, nennen wir es falsche Fährten.

Sie sagten, dass Sie ein schüchterner Mensch sind, auch heute noch. Wie verträgt sich das mit Ihrer Rolle als CEO? Immerhin hat man in dieser Funktion ein Team zu leiten.

Es ist natürlich schwierig, über mich selbst zu reden, aber ich kann versuchen, das einzuordnen. Ich fühle mich in meiner Rolle sehr wohl, liebe es, Menschen zu führen, genieße es sehr, Mentor und Investor zu sein. Ich bin dankbar, Unternehmer sein zu dürfen und glaube, dass es mir gelingt, zu Menschen ‚durchzukommen'. Wichtig dabei ist für mich eine Ernsthaftigkeit und Tiefe bei alldem, ich brauche eine Aufgabe. Dann, hoffe ich, gelingt es. Einfach ein Netzwerker zu sein, das kann ich nicht, das wird auch nichts mehr. Das will ich auch nicht. In begebe mich nur in Gespräche, bei denen das Ziel ist, dass mein Gegenüber mehr mitnimmt. Daraus sind schon wunderbare Beziehungen entstanden. Kurzum, ich kann keine Diskussionen führen, ohne dass ein wirklicher Mehrwert entstehen kann. Und ich sage nicht, dass das gut ist, aber ich bin einfach nicht der Typ dafür.

Im globalen Wettbewerb gehört die Technologiefrage zu den zentralen. China und die USA verfügen über einen riesigen technologischen Vorsprung. Schaffen wir das noch aufzuholen? Wie ist Ihr Blick auf die Situation, ist es vielleicht ein Game, das immer wieder neu startet?

Nach meiner Einschätzung liegt das Problem auf der Execution-Seite und nicht auf der Seite der Technologie. Betrachten wir einige Bereiche exemplarisch: Wir haben 2002 maßgeblich eine Marktführerschaft im Solarumfeld aufgebaut, hatten einen absoluten technologischen Vorsprung, den Unternehmertum und Politik aber nicht zusammen auf die Straße gebracht haben. Das ist über 20 Jahre her, war unser erster Versuch der Energiewende. Das gleiche gilt für die Wärmepumpe, auch hier hatten wir einen absoluten technologischen Vorsprung, der auch zum Großteil in die USA abgewandert ist. Was Qualität und Preisdruck betrifft, entsteht viel durch Asien. Im Bereich der Fusionstechnologie, das heißt laserbasierte Energieerzeugung haben wir Technologieführer heute, die alle abgewandert sind, so wie Marvel Fusion. Vor 15, 20 Jahren waren wir Weltmarktführer im Nuklearumfeld, dieser Bereich wurde, politisch gewollt, beerdigt, woraufhin Siemens seinen Teil an Alstom verkauft hat. Das heißt, wir hatten und haben oftmals schon die Technologie und sind extrem stark in der Grundlagenforschung. Denken wir an Biontech, unabhängig von Corona, die extrem stark im Umfeld der Krebsforschung sind. Wir sind auch nicht schlecht in der Prototypisierung. Wir bringen es nur nicht auf die Straße. Es gibt im Grunde in jedem Bereich herausragende Technologien, ob unserer Historie inbesondere in den Naturwissenschaften, im Ingenieurswesen usw. Ich denke nicht, dass wir da ein Problem haben.

Die Industrie muss sich transformieren, das ist unstrittig und der Prozess in vollem Gange. Kann sie dies mit Hilfe von Start-ups bewältigen? Oder müssen Start-ups von außen angreifen oder gar zerstören, da traditionelle Industrieunternehmen aus sich selbst heraus nicht oder nicht mehr transformationsfähig sind?

Zweiteres, und ich gehe kurz auf die Gründe ein. Es gibt ein sehr großes theoretisches Potential in einer akademisch geführten Diskussion, dass, wenn man die Innovationskraft und Geschwindigkeit der Start-ups mit der Marktmacht von etablierten Unternehmen ‚verheiraten' würde, etwas Großes entstehen könnte. Die Realität sieht allerdings so aus, dass ein Start-up- oder ein jüngeres Unternehmen einen extrem großen Wettbewerbsvorteil hat – das ist die ständige finanzielle Nahtoderfahrung. Das bedeutet, dich konstant extrem schnell weiterzuentwickeln oder du bist tot, hingegen ein etabliertes, funktionierendes Unternehmen eine Verantwortung seinen Mitarbeitern gegenüber hat. Mitunter gibt es Shareholder in der Familie, die auf Dividenden angewiesen sind und deswegen mit besonderer Intensität das Vorhandene und Funktionierende schützen. Aus diesem Grund gelingt es aus meiner Sicht nur theoretisch und niemals praktisch. Aber es führt unternehmerisch zu einer ganz interessanten Conclusio, weil man sich am Industriestandort Deutschland aussuchen kann, welches Unternehmen denn Assets hat – technologisch, von den Personalressourcen oder vom Marktansatz her –, dass man selbst nehmen und transformieren kann hin zu einem Teil einer anderen Wertschöpfungskette und damit wieder in eine glorreiche Zukunft führen kann. Dieses Thema treibt mich derzeit unternehmerisch sehr, sehr stark um. Aber nein, ein großes Potential zwischen Kooperationen, Start-ups und Unternehmen gibt es nicht, weil es ein Misalignment of Interests gibt. Und das ist nicht die Schuld von einer der Seiten. Das sind einfach unterschiedliche Kompositionen von Unternehmen.

Es gibt im Grunde in jedem Bereich herausragende Technologien, ob unserer Historie insbesondere in den Naturwissenschaften, im Ingenieurswesen usw.

Zwei Fragen zum Abschluss. Wenn Sie die Möglichkeit hätten, eine politische Agenda für 2030 aufzusetzen. Welche Themen würden Sie platzieren?

Zum Ersten würde ich mit meinen Koalitionspartnern ein Zielbild für Deutschland formulieren. Diesem Zielbild würde ich Taten folgen lassen und ‚Zöpfe abschneiden', die nicht in das Zielbild passen. Wesentliche Fragen beantworten, ob wir zum Beispiel Prozessindustrie, also Chemie brauchen oder nicht. Das wäre ein schwieriger Moment, da sich wahrscheinlich niemand recht trauen würde, eine klare Ansage zu machen, es würde spalten, so wie in jedem Teilbereich. In diesem Zielbild sollten relevante Themen für die Zukunft verankert sein und bestimmte, nennen wir es Grundversorgungsthemen, um danach das politische Handeln auszurichten. Für mich würde das bedeuten, auf Ernährungs-Sourcing zu setzen, so dass wir uns selbst versorgen können. Ebenso auf den Energiebereich, um energieunabhängig zu werden, sowohl bei der Energieerzeugung als auch bei der Energietechnologie und -speicherung, dem Energietransport usw. In diese Bereiche würde ich investieren, weil die ganze Welt diese Transformation vor sich hat. Und in spannende neue Märkte wie Medizin und Pharma. Für andere Bereiche, die in dieses Zielbild nicht hineinpassen, die Subventionen beenden und den Unternehmen, so hart es klingt, woanders viel Erfolg wünschen. Es ginge darum, Klarheit zu schaffen.

Und ich würde von mir und meinen Koalitionspartnern eine Geschlossenheit im Außenverhältnis verlangen. Das bedeutet, intern zu debattieren. Ich würde alle Gesellschaftsschichten mit hineinnehmen, keine liberale Unternehmensagenda, sondern eine, die die Gesellschaft zusammenhält. Aber wenn wir nach draußen gehen, mit den jeweiligen Koalitionspartnern, sprechen wir mit einer Stimme. Halten uns also an eines der Leadership-Prinzipien in Unternehmen. Dann bekommt man das Volk hinter sich. Es ist doch kein Wunder, dass das Volk gespaltener wird, wenn die Führungsriege schon gespalten ist. Und ein letzter, etwas subtilerer Punkt. Ich würde sehr auf die Sprache achten und es nicht zulassen, dass wir uns in dem höchsten Plenum in unserem Land gegenseitig diffamieren, beleidigen und auf die Shortcomings der anderen verweisen, sondern ich würde versuchen, höflich und respektvoll zu reden. Ich würde mir immer vor Augen halten, dass wir unseren Kindern im Kindergarten versuchen beizubringen, respektvoll miteinander zu reden, und mir die Frage stellen, ob sich die Kinder vielleicht schämen würden, wenn sie so eine politische Debatte miterleben würden und mir selbst eine Art Code of Conduct auferlegen. Das wären spontan die Eckpunkte, die ich aufstellen würde.

Und die zweite. Was würden Sie jungen Leuten raten, die gründen wollen? Wie und wo sollten sie das tun?

Darauf will ich zwei Antworten geben. Eine als stolzer deutscher Staatsbürger und eine als Weltenbürger. Als derjenige, dem Deutschland am Herzen liegt, würde ich natürlich darauf achten, dass es genügend substantiierte Gründer und Gründerinnen in Deutschland gibt. Das bedeutet quantitativ, wie hoch die Anzahl von Neugründungen ist, wobei die Metrik schwierig ist. Denn im Grunde ist es egal, ob du 1.000 oder 10.000 mehr oder weniger erfolglose Unternehmen hast; viel cooler ist es, ein supererfolgreiches Unternehmen zu haben. Oder auch zwei. Doch das allein gestaltet sich in Europa schon schwierig, nicht nur aus politischen Gründen, sondern wegen der vielen unterschiedlichen Sprachen, den unterschiedlichen Restriktionen. Und einer wirklich überbordenden Bürokratie, wenn man europaweit skalieren will. Gleichzeitig wird wenig davon wirklich adressiert. Warum also sollte man sich diese künstlichen Barrieren am Anfang ‚ans Bein binden'? Es spricht vielmehr vieles dafür, sich in den USA zu domizilieren. Und wenn das Unternehmen die Reife erreicht und den US-Binnenmarkt als Marktführer erobert hat, dann noch in den EU-Markt expandiert. In dieser Reihenfolge ist es viel einfacher, als aus der EU heraus die USA zu übernehmen.

Das war dann die Weltenbürgerantwort ...

Das war die Weltenbürgerantwort.

Dr. Tanja Emmerling

Partnerin des High-Tech Gründerfonds und Leiterin der Dependance in Berlin, kennt als Investmentfonds-Managerin sowohl die Portfolio-Strategien von Family Offices wie die Teamkonstellationen und Persönlichkeitsbilder von Gründern. Die Bandbreite von Werteorientierung, Motivation, Verhaltensmustern bis Risikoaffinitäten spielen in ihren erfahrungsgesättigten Überlegungen ebenso eine Rolle wie die Voraussetzungen universitärer Ausgründungen oder die unterschiedlichen Haltungen von mittelständischen Unternehmen und Konzernen. Am Ende aber geht es um europäische Lösungen und Verbünde.

”

Wir müssen ständig die Augen offenhalten und sehen, dass die Welt größer ist als wir und unter Umständen sich auch schneller bewegt.

Frau Doktor Emmerling, Sie sind Partnerin beim High-Tech Gründerfonds, einem Venture Capital Investor für innovative Technologien und Geschäftsmodelle, einem der aktivsten Fonds für Investments in Europa. Wie sind Sie dahin gekommen, wo Sie jetzt sind?

Ursprünglich komme ich aus dem Publishing, einem B2B-Verlag, und war dort als Head of New Venture im Auftrag des Vorstands verantwortlich für neue digitale Geschäftsmodelle außerhalb des Kerngeschäfts, betreute Kooperationen mit Start-ups. Hierbei arbeitete ich in enger Abstimmung mit dem zugehörigen Family Office und stellte nach einiger Zeit fest, wie hoch die Reibungskräfte zwischen einem Start-up-getriebenen Risikogeschäft, dem EBITDA-getriebenen Mittelstandsgeschäft und dem Value Investment-orientiertem Ansatz eines Family Office sind, bei dem der Fokus auf Cash-Orientierung statt auf Innovation und Wachstums-Orientierung lag. Mit dem Gefühl, auf der Wachstumsseite mehr bewegen zu können, wechselte ich zum High-Tech Gründerfonds und stieg dort in das Investmentteam im Digital-Tech ein. Als Investmentmanagerin baute ich mein eigenes Portfolio in der Bandbreite von IT-Security bis E-Commerce auf. Die bekannteste Beteiligung darunter war sicher Emma Matratzen – untypisch, doch sehr erfolgreich. Innerhalb des Fonds konnte ich mich erfolgreich zum Partner weiterentwickeln und ab 2018 schließlich den Standort des Fonds in Berlin aufbauen, den ich seit nunmehr sieben Jahren leite.

Was hat Sie auf diesem beruflichen Weg geprägt?

Für mich gab es drei prägende Meilensteine: zunächst im Publishing, wo der Ansatz „Unternehmer im Unternehmen“ verfolgt wurde. Ich erlebte, was es bedeutet, im Mittelstand in der kleinsten Einheit als Unternehmer auf Vollkostenbasis ‚unterwegs‘ zu sein. Das prägte mich dahingehend, Risiken einschätzen und Verantworten zu können, zu verstehen, welche Freiheiten eine Profitabilität mit sich bringt und welche Durchsetzungskraft für disruptive Ansätze benötigt wird. Zum Zweiten die Zusammenarbeit mit etventure, einem Start-up-Builder. Hier lernte ich, schnelle MVPs, Minimum Viable Products, aufzusetzen, agil weiterzuentwickeln und dann Strategien zum Integrieren oder Ausgründen zu erstellen. Und zum Dritten die Venture Capital-Sicht: Wie denkt man wirklich gute Modelle groß? Was braucht es, um Unternehmer zu unterstützen, dass sie über eine wirklich lange Zeit ein Unternehmen zum Exit bringen können.

Apropos Gründer. Nach welchen Key Performance Indicators bewerten Sie Teams? Gibt es Parameter, die für Sie persönlich entscheidend sind?

Wir schauen zudem stark auf die Pivotfähigkeit.

Wir investieren in der Frühphase. Das bedeutet, dass das Team mitunter das Einzige ist, worauf man bauen und investieren kann. Das Team muss zum Geschäftsmodell passen, die Teammitglieder müssen komplementär alle Anforderungen des Geschäftsbetriebs und des Fundraisings abdecken, und sie müssen agil auf den Markt reagieren können. Sind die relevanten Positionen – die betriebswirtschaftliche, technische, vertriebliche – richtig, adäquat besetzt? Sind alle Positionen berücksichtigt? Und passen die Personen zueinander, können sie miteinander arbeiten? Wenn es sich um ein B2B-Unternehmen handelt, braucht es sehr viel häufiger Branchenerfahrungen, bei einem B2C-Modell eher die Affinität zu Alter und Mediennutzungsverhalten der Zielgruppe. Die Teams sind eher jünger, kommen häufig aus anderen Bereichen. Wir schauen zudem stark auf die Pivotfähigkeit. Ist der Unternehmer in der Lage, sein eigenes Geschäftsmodell auch zu ändern, wenn es nicht läuft wie ursprünglich geplant? Ein Modell, in das wir in der Frühphase investieren, kann zu dem Zeitpunkt, wenn wir den Exit vollziehen, unter Umständen gar nicht mehr dasselbe Geschäftsmodell sein, das wir verfolgen. Das ist herausfordernd, wenn es sich zum Beispiel um technische Gründer handelt, deren Identität stark mit dem Produkt verwoben ist. In welchem Maße sind sie in der Lage zu sagen, dass das Produkt angepasst werden muss, weil es in der ursprünglich gedachten Form nicht funktioniert. Was bedeuten kann, nicht nur das nächste Feature zu entwickeln, sondern unter Umständen das gesamte Modell zu verwerfen und eine gänzlich andere Richtung einzuschlagen. Die Fähigkeit zu einem solchen Wechsel kann der entscheidende Erfolgsfaktor sein. Einen Punkt will ich in diesem Zusammenhang noch hinzufügen: Unabhängig von der persönlichen Motivation und Risikobereitschaft, ist es eher typisch für Deutschland, dass der Fokus stärker auf der technischen Innovation liegt. Oftmals kommen unternehmerische und vertriebliche Eigenschaften im Start-up zu kurz. Es muss jedoch ein „rundes", vollständiges Bild geben, wenn es finanzierungsfähig sein will.

So vielfältig die Gründungen, so groß ist die Bandbreite an Gründern und ihren Motiven.

Das heißt, Sie arrondieren bei Bedarf auch Teams.

Es ist möglich, aber dazu bedarf es einer Reihe vorbereitender Überlegungen. In einem ersten Schritt schaut man, wie das Team unterstützt werden kann, ob man es coachen, schulen oder beraten kann. Ist diesbezüglich kein Entwicklungspotential vorhanden, versucht man es auch über Ergänzungen. Das ist sicherlich der schwierigste Schritt, um ein Team, das nicht zusammengewachsen ist, erst einmal auszuformen. Das betrifft insbesondere Themen in der Geschäftsführung, was einen exakten Geschäftsverteilungsplan erfordert.

Woher kommen die Gründer?

Wir investieren überwiegend im B2B-Bereich. In diesen Modellen wechseln die Gründer erst Anfang 30 und später in die Gründung, bringen jedoch Branchenerfahrung mit. Sie sind in der Lage, disruptiv neue Modelle zu denken. Und mit guter Kenntnis der Branche und den entsprechenden Kontakten kommen sie dann auch vertrieblich gut voran.

Welche Rolle spielen die Universitäten und Hochschulen in diesem Zusammenhang?

Insbesondere für die forschungsintensive Ausgründungen sind Universitäten ein wichtiger Baustein in der Gründungslandschaft. Das betrifft Life Sciences, aber auch Maschinenbau, die einen großen Vorlauf benötigen, bis sie für Venture Capital finanzierungsfähig werden und ihr Unternehmen darauf aufsetzen können. Darüber hinaus gibt es etablierte Gründer-Universitäten wie z. B. die WHU, die starke Execution-getriebene Gründer hervorbringen. Zunehmend wichtiger wird es, wie gut die Gründer bereits im Vorfeld im Austausch mit der Industrie, späteren Kunden, Anwendern oder Käufern sind. Es hilft signifikant, wenn die Universitäten Ausgründungen mit einem starken Unternehmensnetzwerk begleiten können. Die Neuunternehmer können so schon am Anfang die richtigen Weichen für ihren Erfolg stellen. Man sagt, wenn man plant, für die Ewigkeit zu gründen, dann ist die Wahrscheinlichkeit groß, dass man es nicht für die Ewigkeit tut, weil man die richtigen Entscheidungen trifft. Ziel im Venture Capital ist der Exit, auch wenn dieser oftmals viel später vollzogen wird als geplant.

Es hilft signifikant, wenn die Universitäten Ausgründungen mit einem starken Unternehmensnetzwerk begleiten können.

Wie erleben Sie die Gründer aus der Praxis oder direkt von der Universität? Was treibt sie an – Impact Investing, Exit, Weltverbesserung, Hunger und Ehrgeiz?

So vielfältig die Gründungen, so groß ist die Bandbreite an Gründern und ihren Motiven. Das Spektrum umfasst diejenigen, die gezielt ein Exit-Geschäft betreiben wollen, das heißt Unternehmen, die einen Trade Sale oder IPO anstreben ebenso wie diejenigen, häufig aus den technischen Bereichen, die intrinsisch motiviert sind, bestimmte Branchen voranbringen wollen. Ihnen bietet die Finanzierungsform des Venture Capital die besten Möglichkeiten für eine Entwicklung. Phasenweise gibt es auch Lifestyle-Gründer, die einfach ‚Founder' auf ihrer Visitenkarte stehen haben wollen. Wenn die Zeiten wirtschaftlich schwieriger werden, Fonds nicht mehr so leicht Geld investieren und die Zahl der Insolvenzen steigt, nimmt die Zahl der Lifestyle-Gründer rasant ab, denn die täglichen Herausforderungen verlangen den Gründern ein hohes Maß an Einsatz und Durchhaltevermögen ab. Zudem sieht man, dass in einem ausgedünnten Arbeitskräftemarkt, in dem in nachgefragten Bereichen Absolventen jegliche Angebote bekommen können, die Neigung, in die Gründung und ein Risiko einzugehen, oft geringer ausgeprägt ist.

Unterscheiden sich die unterschiedlichen Gründertypen hinsichtlich ihrer Risikoaffinität?

Die Fallhöhe ist naturgemäß sehr unterschiedlich. Generell hängt die Risikobereitschaft sehr stark vom Gründertyp und von den individuellen Voraussetzungen ab. Für Gründer aus einem Forschungsinstitut, aus dem Wissenschaftsbereich ganz allgemein, die möglicherweise keine oder keine große Affinität zu den betriebswirtschaftlichen Themen haben, bedeutet eine Gründung einen erheblich größeren Schritt oder gar Einschnitt: Wie funktioniert eine Unternehmung beziehungsweise ein Unternehmen? Wie führe ich Mitarbeiter? Das unterscheidet sich signifikant von Gründern, die aus der Industrie, aus einem unternehmerischen Umfeld kommen und dann in eine Gründung gehen.

Welche Erfahrung haben Sie mit migrantischen Gründern?

Ich bin nicht sicher, ob die Statistiken dies belegen, aber man erlebt häufig bei Gründern mit einer Migrationsgeschichte eine durchaus größere Bereitschaft, etwas aufzubauen, aus der Komfortzone herauszugehen, sich tatsächlich neu zu beweisen und weiterzukommen.

Als Public Private Partnership-Unternehmung arbeiten Sie mit mittelständischen Unternehmen, Familienunternehmen und Konzernen zusammen. Worauf liegt der Fokus – auf Start-ups, die die Industrie revolutionieren, also angreifen? Oder darauf, Corporates und Start-ups zusammenzubringen und dadurch die Industrie eher evolutionär zu verändern?

Wir haben 45 Investoren an Bord, in der kompletten Bandbreite vom internationalen Großkonzern mit eigenem Venture Arm bis Mittelstand mit Family Offfice. Das Interesse reicht von reinen Finanzierungsthemen über Kooperationen mit Start-ups bis hin zur Eruierung von Übernahmekandidaten. Beim Mittelstand beobachten wir, dass sich über die Jahre schon sehr, sehr viel geändert hat. Der Druck zur Innovation ist auch bei den Hidden Champions größer geworden; gleichzeitig ist die Aufgeschlossenheit und auch die Erfahrung, wie man mit Start-ups zusammenarbeitet, gewachsen. Das hängt sicherlich mit dem Generationenwechsel zusammen. Neue Geschäftsführer sind mit Digitalität vertraut und suchen nach Geschäften, die ihnen die Zukunft sichern. Besonders ausgeprägt ist es im Umfeld von Automotive, einer Kernindustrie, an der zahlreiche Zulieferer hängen.

Kann die Industrie in Deutschland sich aus sich selbst heraus wandeln?

Die meisten disruptiven Modelle entstehen nicht in Unternehmen, die bereits erfolgreich waren und eher den Fokus auf den Erhalt und Bestand der Unternehmung gerichtet haben. Neue Ansätze entstehen eher auf der ‚grünen Wiese' oder sogar in industriefremden Unternehmen, wie wir von Tesla oder anderen Tech-Unternehmen wissen. Sie haben die Möglichkeit, Prozesse grundsätzlich neu zu denken und zu organisieren. Bestandsunternehmen unterliegen der Herausforderung, dass sie gelernte Prozesse erst „verlernen" müssen, um neue Wege zu gehen. Das ist die große Chance für Start-ups, die Innovationstreiber für die Industrie zu sein.

Dafür braucht es zwingend Kapital. Es gibt seit langem den Vorwurf, dass es im Hinblick auf Angel Seed, mithin die Eigenkapitalbeteiligung im größeren Zusammenhang in Deutschland wie auch beinahe in ganz Europa an ausreichend Kapital fehlt, so dass in der Folge gute, aussichtsreiche Start-ups in die USA wechseln. Teilen Sie diese Auffassung?

In der Frühphase hat sich sehr viel getan. Die Venture Capital-Szene ist deutlich gewachsen und gibt entsprechendes Kapital in den Markt. Im internationalen Vergleich immer noch wenig, wenngleich die Zahl der Player deutlich gewachsen ist. Anders ist es im Wachstumsbereich mit Tickets jenseits der 20 Millionen Euro plus. Zwar wurden in diesem Segment in den vergangenen Jahren mehr Fonds gegründet – und auch wir haben einen Opportunity Fonds –, um Top-Unternehmen aus unserem Portfolio mit ausreichend großen Tickets in späteren Phasen finanzieren zu können. Aber auch am breiten Markt braucht es mehr Late Stage Funding, um den Unternehmen zu ermöglichen, große Märkte zu erschließen und sie länger in Deutschland zu halten. Danach braucht es immer noch große Käufer, die gewillt sind, entsprechende Preise zu bezahlen oder einen ausreichend entwickelten IPO-Markt, damit Deutschland auch in Zukunft als Standort haltbar ist. Aktuell gehen die großen Exits überwiegend ins Ausland. Hier gibt es also noch viel zu tun.

Intellectual Property, dass in Deutschland und insbesondere auch in den Universitäten, Hochschulen und außeruniversitären Forschungseinrichtungen generiert wird, kann häufig nicht für die deutsche beziehungsweise europäische Volkswirtschaft genutzt werden, weil Ausgründungen aufgrund des Urheberschutzes nicht zustandekommen oder sie abwandern …

Deutschland zeichnet sich dadurch aus, dass wir nicht nur über universitäre Forschung verfügen, sondern auch außeruniversitäre Forschungsinstitute sehr stark vertreten sind. Ein zentrales Thema ist die Übertragung der IP-Rechte in ein Spin-off. Hier wird die Grundlage für den Investment Case und die Exitwerte gelegt. Die Stärke in Europa liegt vermutlich nicht in der Grundlagenforschung, sondern vor allem in den Use Cases und Industrieanwendungen. So werden wir nicht führend in den Grundlagen der AI oder Big Data sein, sehr wohl aber die Führung auf bestimmten Use Cases übernehmen können.

Zwei Fragen zum Abschluss. Welche Themen müssen aus Ihrer Sicht auf der Agenda der nächsten zehn Jahre stehen, um die Innovationskraft des Landes zu stärken?

Drei zentrale Punkte sind es aus meiner Sicht: Erstens, noch mehr Engagement deutscher Unternehmen, Start-ups kundenseitig zu unterstützen und in sie zu investieren. Zweitens, den Bildungssektor anders zu strukturieren. Das sollte bereits in den Schulen beginnen und weiterreichen bis hinein in die Ausbildung an den Universitäten und Hochschulen. Und das in der vollen Bandbreite unterschiedlicher Fakultäten, damit wissenschaftlich geprägte Gründer stärker für unternehmerisches Denken und Handeln aufgestellt sind. Und drittens, größer zu denken, auch über Deutschland hinaus, ganz stark für Europa zu werben, den europäischen Markt besetzen zu können.

Dafür bedarf es zahlreicher steuerlicher und rechtlicher Homogenisierungen in Europa. Es geht alles in allem um Digitalisierung, um zeitgemäße Rahmenbedingungen für einen attraktiven Gründungs-Standort in Europa. Wir müssen ständig die Augen offenhalten und sehen, dass die Welt größer ist als wir und unter Umständen sich auch schneller bewegt.

Und die zweite, eher persönliche Frage: Wenn Sie nochmal im Studium wären und einen Menschen der Geschichte aussuchen dürften, mit dem Sie sich über den eigenen Werdegang austauschen – wer wäre das?

Ich hätte mich, jenseits von Unternehmensgründungen, sehr gern mit Kofi Annan unterhalten. Menschen, die ich kenne und die für ihn gearbeitet haben, waren begeistert von seiner Art von Teamkultur. Davon hätte ich mir gern etwas abgeguckt.

Melanie Vinci

Präsidentin des Verwaltungsrats der persona service AG, stellt die generationsspezifischen Sozialisationsfaktoren ins Zentrum ihrer Überlegungen, wenn sie Leistungsbereitschaft und -willen, Gestaltungsfähigkeit und Verantwortungsbewusstsein, New Work, aber auch den Veränderungsbedarf in Unternehmen reflektiert. Über die Verbindung von Menschen und Ideen, Organisationsentwicklung und Transformationsdynamiken im Kontext von Gründen und Gründern werden die Zukunftsparameter des Wirtschaftsstandorts Deutschland verhandelt.

„

Wir können als Land, glaube ich, sehr viel mehr als wir abrufen.

Frau Vinci, Sie sind von Berufs wegen täglich mit Fragen der Personalgewinnung und -entwicklung befasst. Wir wollen über Transformationsprozesse, über Prägungen und Herausforderungen in diesem elementaren Bereich von Wirtschaft und Gesellschaft sprechen. Zum Einstieg zunächst eine eher persönliche Frage: Was hat Sie geprägt, wie sind Sie dahin gekommen, wo Sie jetzt sind?

Um zu verstehen, wie ich heute auf das Unternehmen, in dem ich tätig bin, und die Zukunft schaue, muss ich ein wenig ausholen. Ich bin in einer sehr liebevollen Familie großgeworden, ein klassisches Arbeiterkind in einer Zeit, als das noch kein modernes Label hatte. Meine Mum war 18 Jahre alt, als ich geboren wurde und alleinerziehend. Mein Vater Sohn einer portugiesischen Einwandererfamilie. Meine Eltern trennten sich früh, waren nicht verheiratet. In den 1970ern bedeutete das üblicherweise, dass das Leben nicht so einfach wird, und meine berufliche Vita begann bezogen auf meine jetzige Position gar nicht typisch. Ich konnte nicht einmal davon träumen, wohin mich der Weg führen wird. Und selbst wenn ich es getan hätte, wäre es völlig abstrakt und nicht greifbar gewesen. Nach Realschulabschluss und kaufmännischer Ausbildung arbeitete ich in einem Industrieunternehmen in der Exportabteilung, wechselte dann in ein Unternehmen aus dem Großhandel. Bei dessen späterer Insolvenz stand ich mit eigener Wohnung und ohne ‚Reichtümer' da und dachte, nur nicht arbeitslos werden, alles, nur nicht arbeitslos werden. Die Arbeitslosenquote in unserer Region lag zu dieser Zeit deutlich über 15 Prozent.

Auf dem Weg zum Vorstellungsgespräch bei einer Zeitarbeitsfirma sah ich, dass intern auch jemand gesucht wurde. Als ich während des Gesprächs erwähnte, dass diese Ausschreibung viel interessanter sei und ich mich gern darauf bewerben möchte, stellte die Mitarbeiterin mich ihrem Chef vor, der in den Jahren danach und bis zu seinem Tod mein bester Freund war. Offenbar konnte ich überzeugen, und so begann ich, in diesem Familienunternehmen zu arbeiten. Es folgte Stufe für Stufe: Nach drei Jahren übernahm ich meine erste Niederlassung, nach weiteren drei Jahren die Gebietsleitung und nochmal drei Jahre später die Regionalleitung. Es ist unglaublich, wie authentisch das Unternehmen es selbst lebt, Nachwuchs aus den eigenen Reihen zu entwickeln. In meiner Anfangszeit zu 100 Prozent, das heißt, sämtliche Führungskräfte wurden aus den eigenen Reihen rekrutiert.

Es machte mir Spaß, mit meinen neun Standorten und meinen Teams. 2012 fragte mich unser damaliger geschäftsführender Gesellschafter, ob ich mir vorstellen könne, in die Geschäftsleitung einzutreten.

Warum beschreibe ich das so ausführlich? Weil ich sicher bin, dass meine Geschichte typisch dafür ist, was wir auch im Kontext von Innovation erleben. Ich bin erzogen von einer Generation von Eltern und Großeltern, die als Nachkriegsgeneration absolut sicherheitsorientiert waren. Meine Oma sagte immer wieder, Kind, geh' zur Bank. Und das nicht, weil sie eine Vorstellung von dem Beruf hatte, sondern weil das in ihrer Vorstellung Sicherheit bedeutete. Mit diesem Sicherheitsgedanken bin ich auch in die Welt gegangen und vielleicht ist das einer der Gründe, warum ich seit zweieinhalb Jahrzehnten in einem Unternehmen bin. Allerdings musste ich auch nie woanders hingehen, um mich weiterzuentwickeln. Doch selbst wenn es notwendig gewesen wäre, kann ich gar nicht sagen, wie leicht mir der Schritt in den ersten mindestens zehn, 15 Jahren gefallen wäre. Sicherheit hatte für mich einen großen Impact. Zudem haben mich sowohl familiär als auch beruflich die traditionellen Werte und Tugenden geleitet. Das Unternehmen ist sehr bodenständig und sehr ehrlich, sehr real und sehr verbindlich. Bei Absprachen gilt ein Handschlag, ein Wort. Dieser Umgang ist bis heute typisch für das gesamte Unternehmen.

Gleichzeitig hatte ich auch immer den Mut, „Ja" zu sagen, wenn sich eine Gelegenheit zum „Ja-Sagen" ergeben hat. Ich zog in andere Städte, fing mit jeder Beförderung irgendwie wieder ganz von vorn an. Das war die Grundlage für meine Karriere. Und diesen Mut brauchen auch insbesondere sogenannte Traditionsunternehmen. Wir müssen uns davon lösen, dass wir die Zukunft rein auf der Basis unserer eigenen Erfahrungen gestalten. Wir brauchen Wagnis auf Basis seriöser Annahmen, müssen uns trauen zu testen und auf andere zu hören. Die Zeit, in der wir „Erfahrenen" alles besser wussten, gibt es nicht mehr – und das ist wahrlich kein Nachteil. Plötzlich sind da Menschen in Unternehmen, die etwas nicht nur deshalb glauben, weil jemand, der denkt, es auf Basis seiner Erfahrungen besser zu wissen, etwas sagt. Sie stellen Fragen, zweifeln, haben eigene Ideen und Vorstellungen. Und genau das sollten wir nutzen – nicht nur in Start-ups –, sondern eben auch in der Erneuerung und Transformation erfahrener Unternehmen, die vor Herausforderungen des strukturellen Wandels stehen, denen sie nicht ausschließlich mit ihren bisherigen Erfahrungen begegnen können.

Sie sprechen von der Generation Z, den Jahrgängen von 1995 bis 2010, durch die sich signifikante Veränderungen ergeben und die vielfach in der Kritik, gerade auch bei Unternehmen, stehen. Sie wird als nicht verbindlich erlebt, eher sprunghaft, weniger leistungsbereit und -fähig, auf den persönlichen Ausgleich bedacht. Wie erleben Sie diese Generation?

Wir erleben eine gesellschaftliche Veränderung, die natürlich von dieser Generation geprägt ist, die aber nicht bei dieser Generation stehenbleibt. In der Gesellschaft der Nachkriegszeit ging es, ohne moralische Wertung, in erster Linie um Sicherheit und Wachstum. Das Land wieder aufzubauen, größer zu werden war ein ganz realer Wunsch und eine Notwendigkeit. In dieser Situation will sich eine ganze Gesellschaft zurückarbeiten in den Wohlstand. Und nun ist eine Generation nachgewachsen, die sieht, was daraus geworden ist, schauen auf die Ressourcen, ökonomische Veränderungen, auf Rentenunsicherheit. Und fragen sich, werde ich mir jemals Eigentum leisten können? Zu arbeiten als Orientierungspunkt, für „sich etwas aufzubauen", ist so nicht mehr gegeben. Also findet Leben jetzt statt und gestaltet sich mehr im Heute. Deswegen wollen sie auch heute gestalten, gründen, was wagen, leben.

Heute findet Leben verstärkt im Jetzt statt, weil die Einstellung zu großen Wohnungen, größerem Haus und eigenem Garten sich geändert hat. Nachhaltigkeit, Sinn, Zusammenhalt und Gemeinschaft, all das hat einen höheren Stellenwert. Und wir legen ja unsere Persönlichkeit nicht ab, wenn wir in die Firmen kommen. Die Menschen kommen mit einer anderen Idee von Arbeiten in die Unternehmen. Viele sind deutlich besser ausgebildet als Generationen vor ihnen und haben viel weniger Angst, dass sie in Zukunft keine Arbeit haben könnten. Das macht sie freier, Dinge auszuprobieren. Mit dem Backpack durch die Welt tingeln, auf Bali Programmcodes schreiben usw. Aus der Unvorstellbarkeit entstehen, glaube ich, manchmal Missverständnis. Kurzum: Nein, ich erlebe kein Generationsproblem, auch keine Unverbindlichkeit im Umgang mit der jungen Generation.

Diese Art zu leben oder zu denken, etwas ausprobieren zu wollen, hat ja auch mit Erziehung zu tun. Welche Rolle spielt die Ausbildung in diesem Prozess der Sozialisierung? Wie und wo entsteht das unternehmerische Moment, bildet sich unternehmerischer Drang heraus?

Ich sehe das überhaupt nicht nur als Erziehungsthema. Ich reflektiere kurz auf meine Vita. Nebenberuflich absolviere ich gerade einen MBA, um mir selbst zu zeigen, dass das möglich ist. Trotz jahrzehntelanger Berufserfahrung und eines durchaus nicht unspektakulären Werdegangs habe ich noch immer keinen akademischen Abschluss. Sollte ich in einigen Jahren noch einmal etwas ganz Neues machen wollen oder müssen, dann wird mir in diesem Land der fehlende akademische Abschluss auf die Füße fallen.

Unverständlicherweise. Jede und jeder in unserem Land sollte die Möglichkeit haben, einen beruflichen Weg zu wählen, der den eigenen Stärken und Interessen gerecht wird. Das Akademikerkind muss selbstverständlich Handwerker werden dürfen und das Arbeiterkind einen selbstverständlichen Zugang zu akademischer Bildung haben. Nein, es ist auf gar keinen Fall nur ein individueller Erziehungsauftrag. Es ist ein gesamtgesellschaftlicher Auftrag und mit Sicherheit auch einer von Unternehmen, das zu fördern und zu entwickeln. Anderenfalls gehen uns wichtige Talent-Ressourcen verloren, im akademischen und nicht-akademischen Bereich. Wir müssen aufhören, in Clustern zu denken, sondern stärker berücksichtigen, was Kinder und Jugendliche selbst wollen. Als Land haben wir da noch eine Menge zu tun.

Wie steht es um die Leistungsbereitschaft, den Leistungswillen? Hat der Leistungsgedanke in unserer Gesellschaft ausgedient?

Das ist eine wirklich spannende Frage. Ich bin überzeugt, dass wir kompetitives Verhalten brauchen, ohne dass es gleich zu Ellenbogen- und Neiddiskussionen führt. Aber wenn wir uns nicht mehr miteinander messen, nicht mehr nach oben arbeiten wollen, dann kann das eine Entwicklung ersticken. Wenn Gründer bei jedem Widerstand alles hinwerfen würden, entstünde nichts. Wenn wir immer Negativbeispiele nutzen zu sagen, dass etwas ja ohnehin nicht hinzubekommen ist, wenn wir Leistungen bzw. das Erzielen von Ergebnissen nicht mehr nach vorn stellen, werden wir nichts erreichen. Wenn ich höre, was über die jungen Leute berichtet wird, dann ist dies ein Punkt, den man zumindest nicht völlig ignorieren sollte. Wir dürfen nicht aufhören, Leistung zu benennen und Ergebnisse zu bewerten. Das wäre ein Problem, weil ohne Ergebnisse auch kein Wachstum entstehen kann. Es braucht ein gesundes Maß.

Wir dürfen nicht aufhören, Leistung zu benennen und Ergebnisse zu bewerten, weil ohne Ergebnisse auch kein Wachstum entstehen kann.

Lassen Sie es mich an zwei Beispielen illustrieren. In dem Unternehmen, für das ich verantwortlich bin, haben wir uns vor einigen Jahren mit dem Thema New Work beschäftigt. Und nach einer gründlichen und intensiven Auseinandersetzung haben wir letztlich festgehalten, dass es für uns einen Orientierungsmaßstab gibt hinsichtlich der Bewertung, ein Dach gewissermaßen. Das Dach heißt Ergebnisorientierung. Und dieses Dach ist gestützt von mehreren Säulen: Selbstverantwortung, Vereinfachung, Vernetzung und Autonomie. Das bedeutet ganz konkret, wenn ich nicht bereit bin, mich an dem gesetzten Ziel, an den Ergebnissen zu orientieren, dann kann ich eben sehr wenig autonom selbstverantwortlich den Weg dahin gestalten. Für Führungskräfte bedeutet das eine große Herausforderung. Was genau ist ein Ergebnis und was ist ein reales Ziel, was man erreichen kann, und gehört Scheitern und eine Investitionsgröße nicht genauso zu einem Ergebnis, das erreicht werden soll bzw. muss? Ich sehe, insbesondere wenn ich ältere Unternehmerinnen und Unternehmer erlebe, dass es eine Veränderung braucht, die aber nicht zum Selbstzweck mutieren darf.

Was meine ich damit? Aus meiner Sicht gibt es drei Rahmen, die mich in meinem autonomen Gestalten von wirksamer Arbeit begrenzen. Das sind die Ziele des Unternehmens, die Werte des Unternehmens und der gesetzliche Rahmen. Innerhalb dieser Rahmen entsteht ein großes Feld, in dem ich selbstverantwortlich agieren kann. Wenn ich diese Verantwortung nicht übernehmen will, dann werde ich über Anweisungen und Kontrolle gesteuert, denn ein Unternehmen kann seine berechtigte Forderung nach Ergebnissen nicht aufgeben. Gleichzeitig dürfen wir als Führungskräfte verstehen, dass Menschen eigenverantwortlich agieren können müssen. Leistungsträger, Leistungsträgerinnen wollen nicht durch Befehl und Gehorsam ihre Ziele erreichen, sondern durch autonome Gestaltung. Genau daran erkennt man sie. Das bedeutet für Unternehmen und Führungskräfte aber auch, vertrauensvoll Raum zur Gestaltung entstehen zu lassen. Nicht alle erfahrenen Unternehmen haben diese Haltung in ihrer DNA. Ich agiere nach dem Motto: Mein Misstrauen muss man sich verdienen. Wenn ich das konsequent lebe, entsteht Raum für Talente und neue Entwicklungen, und es bedeutet eben auch, dass Dinge auch anders getan werden können und dürfen, als ich es getan hätte. Nicht allen Unternehmerinnen, Unternehmern und Führungskräften gelingt das schon gut. Doch niemals sollten wir uns für den Anspruch an Leistung und Ergebnisse entschuldigen müssen – es ist meine Aufgabe, die wirtschaftliche Sicherheit des Unternehmens, für das ich Verantwortung trage und für das andere mir ihr Vertrauen ausgesprochen haben, zu gewährleisten. Dafür brauche ich ein leistungsorientiertes Umfeld. Nur, und das ist vielleicht der wesentliche Unterschied zu früheren Zeiten – die Veränderungen am Markt sind hoch volatil und von einer nie dagewesenen Dynamik. Das zwingt uns als Unternehmen dazu, Mitarbeitende mit viel mehr Handlungsfreiheit auszustatten, damit wir die Anpassungsfähigkeit aufbauen, die wir als Unternehmen benötigen, um uns an sich permanent verändernde Märkte und Gegebenheiten anzupassen. Agilität für Unternehmen ist nicht möglich ohne die Autorisierung der Mitarbeitenden, selbstständig handeln zu dürfen – im Sinne bester Ergebnisse.

Agilität für Unternehmen ist nicht möglich ohne die Autorisierung der Mitarbeitenden, selbstständig handeln zu dürfen – im Sinne bester Ergebnisse.

Das zweite Beispiel. Auf einer Veranstaltung in Berlin unmittelbar nach der Pandemie ging es um das Arbeiten in der Zukunft, auch um New Work und die Frage, wie wollen wir arbeiten? Unter den Rednern war ein unfassbar erfolgreicher Gründer, der mit seinem

Bruder eine Plattform gegründet hat, mit der mittlerweile in sehr vielen verschiedenen Ländern Coaches vermittelt werden. Er sprach von deren Wachstumsgeschichte. In der anschließenden Diskussion wurde er unter anderem gefragt, ob es Hierarchien im Unternehmen gebe. Aus meiner Sicht antwortete er unternehmerisch völlig korrekt: dass dies anfangs logischerweise nicht der Fall gewesen ist, da es zu zweit nicht erforderlich war, mittlerweile jedoch schon. Und er erklärte, wie sie es organisiert haben, das wachsende Unternehmen zu steuern und zu verwalten. Von einer Sekunde auf die andere kippte die Stimmung im Raum. Anfangs verstand ich nicht warum. Unter anderem kam eine junge Frau zu Wort, die sich kritisch in Bezug auf Hierarchien generell äußerte und bei der sich im Laufe des Tages herausstellte, dass sie selbst noch keine so richtig erfolgreichen Stationen in ihrer Vita zu verzeichnen hatte. Doch sie sprach laut ihren Unmut aus und wie wichtig ihr die Haltung „No Hierarchy" sei. Für diese Aussage erntete sie viel Applaus und der Unternehmer Kritik, weil er sein einst so hippes Unternehmen nun diesen „veralteten Strukturen" unterwarf. Es wurde nur noch wenig darüber gesprochen, dass ein Unternehmer logischerweise eine Gewinnverpflichtung hat und wie wirtschaftlich erfolgreich er mittlerweile mit seinem Business war. Ganz egal wie gut eine Idee ist, irgendwann geht es genau darum: Jemand hat investiert in eine Idee, in ein Unternehmen, ganz gleich in welcher Form. Vielleicht gab es eine gute Investitionsrunde; aber am Ende geht es natürlich darum, dass es funktioniert, dass mehr verdient als verbrannt wird. Eine Romantisierung von Innovation und Gründertum, von Leistung und Ergebnisnotwendigkeit wird der Sache und den vielen herausragenden Gründer- und Unternehmerpersönlichkeiten nicht gerecht.

Wenn wir über Veränderungsprozesse in Unternehmen sprechen, gibt es Unterschiede, je nachdem, ob es sich um Familienunternehmen, börsennotierte Unternehmen oder andere Rechtsformen handelt. Wie entstehen aus Ihrer Sicht Veränderungsimpulse? Welche Wege haben Sie schon ausprobiert, mit welchem Ergebnis?

Den Veränderungsbedarf überhaupt erst einmal zu beschreiben, ist der erste, sehr herausfordernde Schritt, auch in vielen inhabergeführten Unternehmen, die eine lange Geschichte haben und sehr erfolgreich sind. Das schließt die Erkenntnis ein, dass es ein Problem gibt oder geben wird, aus der sich, trotz aktuell guter Ergebnisse, eine Veränderungsnotwendigkeit ableitet. Das zu beschreiben, eine Zukunft zu malen, die keiner anfassen kann, ist keine einfache Ausgangssituation. In meinem Bereich sind die Treiber relativ überschaubar. Wir sehen auf einen gesättigten Branchenmarkt, der seit Jahren nicht mehr wächst, im Gegenteil, der in den vergangenen fünf Jahren sogar schrumpft. Das wird sich vermutlich in absehbarer Zeit nicht exponentiell ändern. Wir selbst sind in diesem Markt bereits überall regional, geografisch tätig. In den ersten Jahrzehnten unseres Bestehens sind wir gewachsen, weil wir immer mehr Standorte eröffneten, die Flächen teilten, das heißt die große Zelle immer stärker verkleinerten. Diese Wachstumsstrategie ist beendet.

Hinzukommt: Wir sind ein Intermediär. Und dabei stellt Technologie den neuen Wettbewerb dar, auch wenn man das noch nicht im Detail greifen kann. Aber Google hat ja nicht umsonst auch Google for Jobs entwickelt. Es gibt schon heute viele praktische Beispiele, wie die Intermediärrolle durch Technologie ersetzt wurde. Das ist also der zweite Treiber. Man muss sich angesichts der technologischen Entwicklungsgeschwindigkeit nicht die Frage stellen, was in 50 Jahren mit dem Unternehmen passieren wird, es genügt die Perspektive auf die nächsten fünf bis zehn Jahre. Und an diesem Punkt unterscheiden sich Familienunternehmen sehr häufig von börsennotierten Unternehmen: In Familienunternehmen geht es in der Regel nicht darum, den Fünfjahresvertrag der C-Level-Ebene von heute mit Erfolg zu unterfüttern, sondern zu überlegen, wie die Enkelkinder der Gründer und die Urenkel idealerweise auch noch ein gutes, erfolgreiches Unternehmen übernehmen. Börsennotierte Unternehmen setzen viel mehr auf „Wetten in die Zukunft". Wenn sie ihre Anleger von der Innovationsfähigkeit überzeugen können, steigt der Unternehmenswert heute – ganz egal, was davon in den nächsten Jahren wirklich realisiert werden kann. So würde ein Familienunternehmen nicht denken und handeln. Vielleicht sind sie deshalb oft aber auch nicht mutiger, orientieren sich für ihre Entscheidungen an Vergangenem oder zumindest nur an dem, was sie heute schon greifen können. Sie schauen auf ihre Erfolgsbilanz und fragen sich, warum sie etwas ändern sollten. Unsere Aufgabe als Führungskraft ist es, genau diesen Diskurs zu eröffnen, damit wir die Zukunft auch wirklich gestalten können. Eine Zukunft, die durch die beschriebenen Einflüsse mit keiner vorherigen Zeit vergleichbar ist. Deswegen braucht es diese Auseinandersetzung, auch wenn es immer wieder ein Weg mit Rückschlägen ist. Gerade dann, wenn etwas Neues nicht funktioniert, beginnt man gewissermaßen von vorn. Das war auch eine meiner Lernkurven. Es braucht einen langen Atem, man muss andere herausholen aus einer Komfortsituation, in der zu einem bestimmten Zeitpunkt gar nichts schmerzt. Einsicht für Veränderung zu erzeugen, ist in diesem Fall deutlich schwerer, als wenn es schon weh tut.

Diese Lernkurve hat bei mir einen Hintergrund: Ich wollte für das Unternehmen nie eine eigene ‚ganz coole' Einheit, in der nur die coolen Jungs und Mädels sitzen, mit lauter coolen Studiengängen, die meine ‚alten Hasen' nicht mehr verstehen, die in guten Zeiten mit hohen Innovationsbudgets ausgestattet sind, mit denen sie frei arbeiten können, für die nicht gilt, was für die anderen Beschäftigten gilt. Damit innovieren sie vor sich hin, meist unsichtbar für den Rest der Organisation. Nach mehreren Jahren merkt irgendwer, dass es noch keine Ergebnisse gibt oder nicht die richtigen, oder nichts herausgekommen ist, was „groß genug ist". Und dann werden alle Innovationen wieder gestrichen, da es ja offenbar nicht gebraucht wird, und der Esprit für Innovation ist wieder dahin. Ich glaube, dass es genau so in noch zu vielen Unternehmen läuft. Dabei haben wir als etablierte Unternehmen ja Assets, die nicht zu vernachlässigen sind, gewachsene Strukturen, die eine hohe Verlässlichkeit mit sich bringen, die Loyalität der Kunden, wir sind bekannte Marken. Es wäre total verrückt, sich das nicht zunutze zu machen. Wir müssen also versuchen, diese beiden Welten in einem Unternehmen, die unmittelbar zueinander gehören, zu verbinden. Wir brauchen Innovationsgeist und den Mut als Unternehmen, die zu bleiben, die wir sind. Wir wollen unsere großen gewachsenen Unternehmen schneller machen, dafür müssen wir Menschen und Ideen miteinander verbinden und sie nicht strukturell voneinander trennen.

Und es braucht wechselseitig Verständnis. Von Seiten der ‚alten Hasen' in ihren Kerngeschäften die Offenheit für Mitarbeiter, die an anderen, neuen Dingen arbeiten, die für das Unternehmen ebenso wichtig sind. Und von Seiten der projektbezogenen Mitarbeiter – der Neudenker, der Neudenkerinnen – Verständnis für die, die mehr im Heute zu tun haben und damit erst die Grundlage für mögliche Innovationen schaffen. Wir brauchen die Entwicklungen in unserem Kerngeschäft, dass sich, getrieben von Marktveränderungen und technologischen Einflüssen, verändert. Wir müssen neue Dienstleistungen und Produkte entwickeln, nah an unseren Kerngeschäften, und wer mutig ist, investiert in ganz neue Innovationen, basierend auf der Frage: Wie wären wir aufgestellt, wenn uns ein ganz neuer, bisher unbekannter Wettbewerber heute in unserem Geschäftsmodell angreifen würde. Haben wir Antworten auf echte disruptive Gefahren? Meine Erfahrung ist, dass die letzte Frage oft ein zu hohes Abstraktionslevel für erfahrene Unternehmen darstellt. Und weil in diesen Innovationen auch die größte Gefahr zum Scheitern steckt, würde ich heute empfehlen, mit Entwicklungen nah am Wertschöpfungsmodell zu starten und so das Vertrauen der Stakeholder in Innovationen und Veränderungen zu stärken. Und ergänzt um die strategische Überlegung, gegebenenfalls für disruptive Ansätze eher in Start-ups zu investieren oder mit ihnen zu kooperieren, anstatt selbst disruptive Modelle aufbauen zu wollen, die sich meist dadurch auszeichnen, dass sie eben nicht – wie in klassischen Geschäftsmodellen – direkt einen Return on Invest erzielen.

Noch einmal nachgefragt: Start-ups als Investment? Oder Start-ups als Kunden, mit denen Sie arbeiten und von denen Sie die Methodik lernen, um sie dann selbst anzuwenden?

Ich würde immer eine eigene Innovationseinheit aufbauen, mit der ich Produkte und Dienstleistungen entwickeln kann. Dabei würde ich mich konzentrieren auf Entwicklungen für das Kerngeschäft – also Produkte, Services, Anpassungen an der Wertschöpfungskette, um effizienter zu werden und wettbewerbsabgrenzende Mehrwerte zu generieren. Und zum anderen auf die Entwicklung neuer Geschäftsmodelle, Produkte und Services nah am Kerngeschäft. Ergänzend kann es sinnvoll sein, über kooperative Ansätze konkret nachzudenken – gerade dann, wenn disruptive Ansätze vertestet werden sollen, für deren Radikalität oft in den eigenen Innovationseinheiten Mut, Investitionsbereitschaft und vor allen Dingen Durchhaltevermögen fehlt.

Gründer lassen sich grundsätzlich in zwei große Gruppen einteilen. Die eine hat eine Idee und beginnt, diese Idee zu entwickeln. Die andere will gründen, einfach aus einem inneren Drang heraus, und bezieht sich nicht unbedingt von Anbeginn auf eine konkrete Idee …

Ich habe ja selbst das Glück, in einem Unternehmen eines klassischen Gründers zu arbeiten. 1967, im Jahr der Gründung, gab es in Deutschland nicht einmal ein Gesetz für unsere Dienstleistung. Unser Gründer, von Hause aus Ingenieur, war in der Schweiz tätig und kam dort in einem beruflichen Kontext mit Personaldienstleistung in Verbindung. So entstand die Idee, damit nach Deutschland zu gehen. Er gehört zu der einen Gruppe, von der Sie sprechen. Er kam mit einer Idee, sagte, das mache ich jetzt mal und so begann es. In einem kleinen Büro auf einem alten Bauernhof, mit Schreibblock und Telefon. Er konnte sich wahrscheinlich selbst nicht vorstellen, dass sich daraus eines der größten Personaldienstleistungsunternehmen in Deutschland entwickeln wird.

Und dann, vor acht, neun Jahren etwa, spürten wir, dass wir wieder einmal neue Impulse brauchten. Wir kamen in Kontakt mit einem jungen Start-up, das sich mit einer Plattform gerade gegründet hatte. Der Gründer war zuvor bei einem Unternehmen, einer großen Beratungsgesellschaft, beschäftigt. Und es geschah, wie Sie es beschrieben. Auf einer Geschäftsreise in den USA wachte er eines Morgens auf und sagte sich, er müsse jetzt kündigen, weil er sonst nicht gründen könne. Da hatte er noch keine Idee, nur den Drang zu gründen. Er war sich sicher, wenn er jetzt nicht aus dem alltäglichen Trott hinausgeht, kommt er nicht mehr dazu. Es ist gut, dass es beide Motivationen gibt. Diejenigen, die gründen wollen, sind vermutlich die Ideenlieferanten für viel mehr als nur ein Unternehmen. Das finde ich mega kostbar, weil in ihnen dieser Gründergeist steckt und nicht unbedingt die Skalierungskompetenz oder der Skalierungswille. Vereinfacht gesprochen, der Unternehmer, die Unternehmerin, die gegründet hat, möchte aus einer Idee Wachstum erzeugen. Ich habe über eine unserer Tochtergesellschaften einen Gründer kennengelernt, der ein solcher Ideenlieferant ist und immer weitergeht. Die Neuerschaffung und Innovationskompetenz und die Kompetenz zu skalieren, also daraus etwas wirklich Großes zu machen, sind nicht immer unbedingt in einer Person vereint. Wenn man das erkennt, können sich auf beiden Seiten gute Synergien entwickeln.

Gerade wenn man sehr leidenschaftlich gründet, braucht es irgendwann den Moment, um für sich zu klären, ob man jetzt etwas wirtschaftlich Großes daraus machen will, oder ob man viel mehr Freude am Gründungsmoment und dem ersten Aufbau hat. Dann ist es klug, sich Partner zu suchen, die Freude an der Skalierung, der Optimierung, dem Aufbau von Prozessen und Strukturen haben. Das ist nicht immer eine Leidenschaft des Gründers selbst.

Kommen wir noch einmal zurück auf Ihre Einschätzung, dass Technologie den neuen Wettbewerb darstellt. Was bedeutet das für Ihr Unternehmen oder auch bei Ihren Kunden? Ist es Chance oder Risiko?

Technologie stellt deshalb einen neuen Wettbewerb dar, weil schon heute ganze Wertschöpfungsbestandteile durch sie ersetzt werden können. In diesem Prozess sind wir bereits mittendrin. Das bedeutet Chance, Gelegenheit und Risiko zugleich. Dadurch verschieben sich auch Märkte. Es ist natürlich herausfordernd, das ‚Handwerk', das man betreibt, möglicherweise und notwendigerweise radikal anders zu denken. Die Frage dahinter ist, ob es der eigenen Branche gelingt, das Geschäft weiterzuentwickeln oder ob es vielleicht eine andere Branche übernimmt, die es in einer völlig anderen Art und Weise denkt und betreibt. Das ist plötzlich eine völlig neue Konkurrenzsituation. Und dennoch, selbst wenn sehr viele Innovationen vermeintlich sehr schnell kommen, geschieht nicht alles einfach über Nacht und wird auch nicht über Nacht zur Katastrophe. Ein wenig Coolness, Ruhe und genaues Betrachten ist vonnöten. Dafür brauchen wir Menschen ohne Berührungsängste. Und wir brauchen Unternehmen, die diese Berührungsängste abbauen. Und damit sind wir wieder bei Innovationsbereitschaft und unserer Realität. Die Veränderungen sind real und erforderlich. Wie zum Beispiel der Fachkräftemangel. Der ist real, fordert Unternehmen und begrenzt sie in ihren Möglichkeiten. Eine Antwort auf ihn ist die Technologie – auch wenn uns das manchmal erschrecken mag, es ist eben auch eine Chance für Wachstum, Innovation und neue Stabilität.

Es ist natürlich herausfordernd, das ‚Handwerk', das man betreibt, möglicherweise und notwendigerweise radikal anders zu denken.

Mit diesen neuen Entwicklungen wachsen wir. Zur Zeit erstellen wir unseren eigenen Code of Conduct für den Einsatz von KI. An welchen Grundlagen wollen wir uns orientieren, das muss prinzipiell entschieden und festgeschrieben sein. Wir evaluieren in diesem Zusammenhang die einzelnen Bestandteile unserer Dienstleistung, die wir erbringen. Bewerbungsprozesse, Vorstellungstermine u. Ä. Welche Leistungen können durch die neue Technologie ersetzt werden, welche wollen wir ersetzen und welche Leistungen eben genau nicht? Was machen wir besser als andere, worin besteht in Zukunft noch unser Wettbewerbsvorteil? Denn die Technologien werden irgendwann alle benutzen, diese selbst ist in Kürze kein Wettbewerbsvorteil mehr. Sie wird lediglich zum folgenreichen Nachteil, wenn man sie nicht hat und nutzt.

Das gilt im Kleinen wie im Großen, für einzelne Unternehmen wie für den Wirtschaftsstandort Deutschland insgesamt.

Ja, das gilt für den Wirtschaftsstandort Deutschland insgesamt. Es ist eine sehr komplexe Frage, die mehr umfasst, als ich aus meinem Horizont heraus sehen kann. Aber ich versuche es immer wieder zu übertragen, was würden wir tun? Wir müssen, auch als Land, überlegen, welche Kompetenzen wir haben, welche Mehrwerte wir schaffen können, was wir können und worauf wir uns eigentlich konzentrieren wollen. Und daraus leitet sich ab, wie wir Unternehmen, Gründer unterstützen, welche staatliche Unterstützung es braucht und welche rechtliche. Wenn man jeweils in ein anderes Land gehen muss, um Neues auszuprobieren, weil es in Deutschland nicht passt, nicht finanzierbar oder nicht unbürokratisch möglich ist, dann vergeben wir viele Chancen und verlieren Talente. Es sind also gesamtpolitische Fragen, es geht, parteienunabhängig, um ein gesamtpolitisches Nach-vorne-gehen. Ich sehe das derzeit nicht. Es fehlen an zu vielen Stellen diese Persönlichkeiten, die das wirklich treiben, auch auf die Gefahr hin, einige Wählerstimmen zu verlieren. Es gibt noch nicht so einen richtigen, spürbaren Aufbruch. Anders gesagt: Wir können als Land, glaube ich, sehr viel mehr als wir abrufen.

Dr. Richard Straub

Präsident der Peter Drucker Society. Wie gelingt Wertschöpfung in einer Gesellschaft? Welche gesamtgesellschaftliche Perspektive braucht es – sowohl für das Business wie den Public Sector? Die grundlegenden Fragen einer Governance, eines verhaltensorientierten Management-Paradigmas, wie sie die Peter Drucker-Schule zu stellen und beantworten versucht, verbinden sich mit den auf die Zukunft gerichteten Herausforderungen von „Innovation und Entrepreneurship“: das Unternehmertum, der Gründergeist als die treibende Kraft einer zukunftsfähigen Marktwirtschaft.

„

Technokratie blendet das Menschliche aus. Für Peter Drucker aber war klar: Der Mensch muss immer im Mittelpunkt stehen – zugleich als Maßstab und Ziel.

Herr Doktor Straub, Sie haben das Peter Drucker Forum 2009 ins Leben gerufen, nach einer erfolgreichen beruflichen Zeit bei IBM. Besteht eine Verbindung zwischen diesen beiden Etappen, und wenn ja, welche? Und was hat sie auf diesem Weg geprägt?

Als ich 1973 bei IBM begann, erlebte ich ein fortschrittliches, aber sehr zentralisiertes Unternehmen. In den 1980er Jahren startete IBM die Produktion von Personal Computern, wobei die neue „PC Company" als eigenständige Einheit innerhalb der Organisation agierte, jedoch für Profit und Verlust verantwortlich war – eine prägende Erfahrung für mich. Später gab mir besonders meine Zeit als Chief Learning Officer neue Impulse, da mich Erfahrungs- und strukturiertes Lernen immer interessiert hatten.

Nach dem Ende meiner IBM-Karriere begann mein „Portfolio Life", wie Charles Handy es nannte. Ich arbeitete mehrere Jahre für eine internationale Non-Profit-Organisation, die Business Schools und Corporate Universities akkreditierte. 2006 begannen meine Frau und ich, uns intensiver mit Peter Drucker zu beschäftigen.

Wir recherchierten in den USA und nahmen Kontakt zu seiner Witwe Doris auf. Anlässlich seines 100. Geburtstags 2009 organisierten wir einen Managementkongress in Wien, zu dem auch die damals 97-jährige Doris Drucker anreiste. Managementgrößen wie C. K. Prahalad, Charles Handy, Lynda Gratton oder Philip Kotler nahmen teil. Aufgrund des Erfolgs bot Doris Drucker uns an, das Forum als „Global Peter Drucker Forum" zu etablieren, mit der Verpflichtung, es jährlich in Wien fortzusetzen. Wir nahmen das Angebot an. Das war der Beginn einer Reise, die bis heute andauert.

Sie haben diese Entscheidung nicht bereut?

Keinesfalls. Das soll aber nicht heißen, dass es immer einfach war. Wir sind eine Non-Profit-Organisation, die als Katalysator für die Verbesserung von Management und Führungsqualität als gesellschaftliche Aufgabe steht. Wir müssen uns von Jahr zu Jahr finanzieren und eine herausragende Leistung erbringen. Bis jetzt ist das mit Hilfe großartiger Partner und dem freiwilligen Einsatz der führenden Denker im Management aus der ganzen Welt gelungen.

Von Doris Drucker bekamen wir den Auftrag, das Forum nicht über Peter Drucker, sondern im Geist von Peter Drucker zu entwickeln. Wir vermeiden die Akademisierung des Forums und sind auf die „Practice of Management" fokussiert. Für Drucker war es immer klar, dass Management keine Wissenschaft ist, sondern eine Praxis, die sich in der Realität der Organisationen weiterentwickelt. Dennoch bedarf es eines systematischen Rahmens, um die Lehre und Forschung für Management zu ermöglichen.

Der Gedankenhorizont des Forums ist bis heute geprägt von den Thesen Peter Druckers. Von Haus aus Jurist und Geisteswissenschaftler, arbeitete Drucker als Journalist und kam als Praktiker zur Ökonomie. Seine Managementtheorie war nicht nur von seiner Erfahrung als Emigrant geprägt, sondern auch von einer breiten historischen Bildung, von Psychologie und einem Engagement für den Non-Profit-Sektor. Als lebenskluger Quereinsteiger mit humanistischer Bildung hat er Management als „truly liberal art" bezeichnet und damit auf einmalige Art und Weise Schule gemacht.

Seit Druckers Zeit hat sich viel verändert: sowohl das „What", also die Praxis des Managements, als auch das „How" – die Konzepte und Modelle. Das „Why" blieb fast unverändert: Die gesellschaftliche Fragen, die Werte und die humane Seite, denen sein großes Interesse galt, sind nach wie vor aktuell.

> *Welches Gesellschaftsbild gibt es denn für die Zukunft, wenn man es mit denen der vergangenen 50 Jahre vergleicht?*

„The best way to predict the future ist to create it" – Drucker hat immer im Sinne des ihm fälschlich zugeschriebenen Zitats gedacht. Er ging davon aus, dass wir eine funktionierende, zumindest erträgliche Gesellschaft erreichen können, sofern es uns gelingt, solide Institutionen zu schaffen. Utopien einer idealen Gesellschaft lagen Drucker fern. Laut Drucker ist der Kapitalismus mit seiner Wettbewerbswirtschaft, kombiniert mit solidem Management, die Grundlage für die leistungsfähige Gesellschaft, die er im Blick hatte – inklusive dem öffentlichen Bereich, der die Rahmenbedingungen für Zusammenleben und Wertschöpfung schafft. Die vom Markt kommende Korrektur für den privaten Sektor fehlt allerdings bei öffentlichen Institutionen. Die zunehmende Bürokratisierung unserer Gesellschaft zeigt diese Problematik. Das ist eine der großen Zukunftsaufgaben, die wir uns im Rahmen des Themas „The Next Management" vorgenommen haben.

Peter Drucker wird in der Wirtschaft zwar wahrgenommen, kaum aber auf gesamtgesellschaftlicher Ebene. Tatsächlich sind sowohl der Public Sector als auch Zivilgesellschaft und NGOs massiv unter Druck geraten. (Über-)Förderungen haben bewirkt, dass viele Gruppierungen zu politischen Handlangern wurden. Hier haben die Ideen des Managements im Sinne einer vernunftorientierten, systematischen, zielgerichteten Aktivität, die zu Innovation und zu Fortschritt führt, noch zu wenig gegriffen. Als Drucker Forum sehen wir hierin eine wesentliche Zukunftsaufgabe.

Halten Sie die Unternehmen für gut gerüstet für die Zukunft oder gibt es spezielle Herausforderungen?

Ich würde nicht so weit gehen, dass alles zum Besten bestellt ist. Im Vergleich zu anderen Sektoren stehen die Unternehmen jedoch relativ gut da. In der jüngsten Serie von Krisen haben sie enorme Resilienz bewiesen. Zudem hat die Wirtschaft laut Trust Barometer-Studien von Edelman deutlich an Glaubwürdigkeit gewonnen. Die Unternehmen haben gezeigt, dass sie über ein hohes Maß an Wertschöpfungsfähigkeit und Anpassungsfähigkeit verfügen. Sie haben es verstanden, die Globalisierung für ihre eigene Überlebensfähigkeit einzusetzen.

Im Hinblick auf die Rolle des Staates und seiner Institutionen gehen die Denkweisen stark auseinander. Aktuell überwiegt in der Wirtschaft die Auffassung, dass der Staat zu stark eingreift, zu viel steuert und subventioniert. Und damit praktisch das Unternehmertum einschränkt, es nicht mehr die Freiheit hat, die es für Wachstum und Innovation benötigt.

Was ausufernde Bürokratie und Regulierungswut betrifft, sind wir tatsächlich äußerst kreativ. Der Chef der Deutschen Bank sagte einmal, dass Europa zum Silicon Valley der Bürokratie geworden sei. Das trifft den Nagel auf den Kopf. Vorgaben bis ins kleinste Detail, aber eklatante Mängel bei den Rahmenbedingungen – auch und gerade bei großen Zukunftsfragen der Menschheit wie Klima und Nachhaltigkeit, denken wir nur an den „europäischen Grünen Deal". Und dessen schädliche Folgen für wirtschaftliche und gesellschaftliche Wertschöpfung. Glücklicherweise gibt es seit einiger Zeit Ansätze, die Richtung zu korrigieren.

Läuft nicht immer auch ein Systemwettbewerb mit China oder neuerdings auch mit den USA? Wir als Europäer mit unserem Verständnis von Demokratie und demokratischer Gesellschaft wollen Veränderungen anders bewerkstelligen, nicht Top-down, sondern gemeinsam, möglichst partizipatorisch. Spielt dieser Aspekt nicht mit eine Rolle?

Wir sind derzeit strukturell schlecht aufgestellt. In China trifft eine führende Elite strategische Entscheidungen meist auf Basis wirtschaftlicher Zusammenhänge – auch im öffentlichen Sektor. Wie man eine Fabrik oder eine Stadt führt, sind dort Managementfragen. In westlichen Demokratien hingegen dominieren politische Logiken. Entscheidungen erfolgen oft ohne tiefes Verständnis ökonomischer Systeme – mit entsprechenden Schwächen in der Umsetzung.

Ich spreche hier bewusst aus einer überparteilichen Perspektive: Es geht um Governance in Richtung wirtschaftlicher und gesellschaftlicher Wertschöpfung. Peter Drucker erkannte früh, dass eine marktwirtschaftliche Demokratie nur mit gut geführten Institutionen dauerhaft Wohlstand sichern kann.

Was tun? Brauchen wir die Kettensägen à la Javier Milei oder Elon Musk, oder welche Möglichkeiten gibt es aus Ihrer Sicht, den Moloch Bürokratie in all seinen Facetten zu bändigen und zu dezimieren?

Eine der großen Herausforderungen für alle Organisationen ist die Gestaltung von Änderung und Kontinuität.

Peter Druckers Schrift „Innovation and Entrepreneurship“ von 1985 ist heute aktueller denn je. Darin entwirft er das Bild einer Entrepreneurial Society – einer Gesellschaft, die sich aus eigener Kraft erneuern kann. Genau daran fehlt es vielen westlichen Demokratien: Die Fähigkeit zur systemischen Selbsterneuerung ist nicht im Kern ihrer Strukturen, sozusagen in den Genen, verankert. Stattdessen reagieren wir oft nur kurzfristig – getrieben von Wahlzyklen, parteipolitischen Logiken oder ideologischen Reflexen. Gesellschaftlicher Fortschritt braucht mehr: Er braucht praktische Vernunft, nicht Ideologie. Drucker verstand Management nie nur als Unternehmensführung, sondern als gestaltende Kraft für funktionierende Institutionen. Wenn wir diesen Denkstil nicht stärker in unsere politischen und gesellschaftlichen Prozesse integrieren, gefährden wir auf Dauer die Stabilität unserer Demokratie und die Zukunft kommender Generationen.

In Analogie zu Unternehmen, die ausschließlich die Vergangenheit konservieren und untergehen.

In Unternehmen reguliert der Markt – oft schnell und effizient. In großen gesellschaftlichen Einheiten wie Staaten oder Regionen greifen andere Mechanismen. Hier ist Wandel träge, und oft fehlgesteuert. Eine der großen Herausforderungen für alle Organisationen ist die Gestaltung von Änderung und Kontinuität. Beides ist vonnöten, man muss nur die richtige Balance finden.

Die „schöpferische Zerstörung" im Schumpeterschen Sinne funktioniert in Unternehmen, im Kleinen gewissermaßen, aber nicht im ganz großen Zusammenhang?

Peter Drucker setzte sich intensiv mit der Theorie Joseph Schumpeters auseinander, den er aus dem gemeinsamen Wiener Umfeld kannte und der der einzige Ökonom war, mit dem er sich verstand. Sein legendärer Ausspruch: „The one thing that economists and I agree on is that I'm not an economist." Druckers Verständnis von Unternehmertum wurzelt in Schumpeters Idee des Unternehmers als treibender Kraft des Kapitalismus – einschließlich des Prinzips der kreativen Zerstörung. Für Drucker stand nicht Zerstörung, sondern Erneuerung im Vordergrund: ein feines Gleichgewicht zwischen Kontinuität und Wandel – und die Fähigkeit, den richtigen Moment für beides zu erkennen.

Lassen Sie uns abschließend über das Thema KI und Management sprechen. KI verändert die Gesellschaft insgesamt und beeinflusst auch das Unternehmerische. Welche Chancen und Gefahren für das Management entstehen durch KI?

Ich habe mich mit dem Thema auseinandergesetzt, maße mir jedoch kein fachmännisches Urteil an. Ein Gedankenexperiment: Bei Bryck begegnen Sie vielen Start-ups, Gründern und Ideen. Welche Phasen im Start-up-Zyklus ließen sich von KI übernehmen? So nähert man sich zumindest einer Teilantwort. Denn selbst lernfähige KI bleibt begrenzt: Sie kann keine echte Emotionalität erfassen, keine komplexen menschlichen Probleme intuitiv lösen und weder mit Zufällen noch mit irrationalem Verhalten umgehen. Der zu früh verstorbene Clayton Christensen hat es beim Drucker Forum vor Jahren so ausgedrückt: „Daten lügen immer", da sie nur einen Bruchteil der gesellschaftlichen, wirtschaftlichen und menschlichen Realität repräsentieren können. KI verwendet Unmengen von Daten unterschiedlicher Qualität. Zu glauben, dass man AI den Lauf der Welt anvertrauen könnte, erscheint mir eine gefährliche Illusion zu sein. Im Gegenteil meine ich, dass man in der KI-Diskussion die Einzigartigkeit und Unwiederholbarkeit jedes einzelnen Menschen in der Vordergrund stellen muss. Die Humanisten dürfen das Feld nicht den Technokraten überlassen.

Für unternehmerisches Handeln dürfte es schon eine Rolle spielen, wer auf welcher Grundlage Managemententscheidungen trifft und in der Folge die Verantwortung trägt.

Exkulpiert KI beispielsweise Unternehmer bei ihren Entscheidungen? Diese Fragen werden zunehmen.

Die gesellschaftliche Aufgabe von Führungskräften besteht darin, aus ihrer Realitätsperspektive den gesellschaftlichen Dialog mitzugestalten.

Die Welt ist nicht bloß rational – und wird es auch durch KI nicht. Macht, Einfluss und politisches Verhalten folgen komplexen, oft irrationalen Mustern. Unter menschlicher Führung kann KI Immenses für Fortschritt und Wohlstand leisten. Dies bedarf aber eines breiten gesellschaftlichen Diskurses, bei dem Manager, die Drucker als eine Elitegruppe in der Gesellschaft bezeichnet hat, eine wichtige Rolle spielen müssen. Man kann heute die großen Richtungsentscheidungen nicht den Bürokraten und Technokraten überlassen, selbst wenn sie sich mit Silicon Valley-Flair als die einzigen Wissenden stilisieren – die gesellschaftliche Aufgabe von Führungskräften besteht darin, aus ihrer Realitätsperspektive den gesellschaftlichen Dialog mitzugestalten. Nur so werden wir eine Gesellschaft schaffen, die Innovation und Wertschöpfung entfesseln kann. Drucker wird uns dabei helfen, dies stets mit dem Menschen im Mittelpunkt zu denken und umzusetzen. Das muss die große gemeinsame Aufgabe der Zukunft sein.

Start-up-Gründungen in Deutschland: Zahlen und Fakten

Hauptsitz der befragten Start-ups nach Bundesländern (in Prozent)

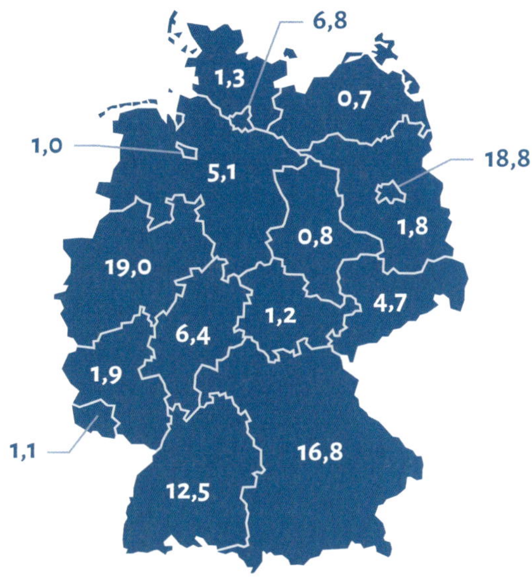

Start-up-Gründerinnen und -Gründer mit Einwanderungsgeschichte (in Prozent)

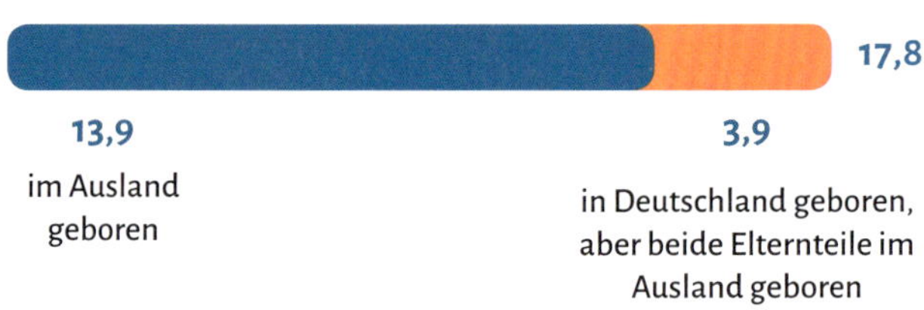

Top 10-Branchen (in Prozent)

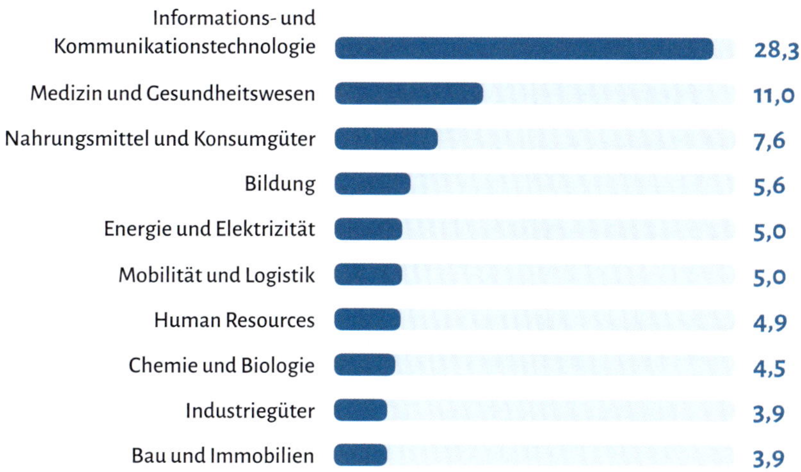

Die wichtigsten Zukunftsbranchen aus Sicht der Gründerinnen und Gründer (in Prozent)

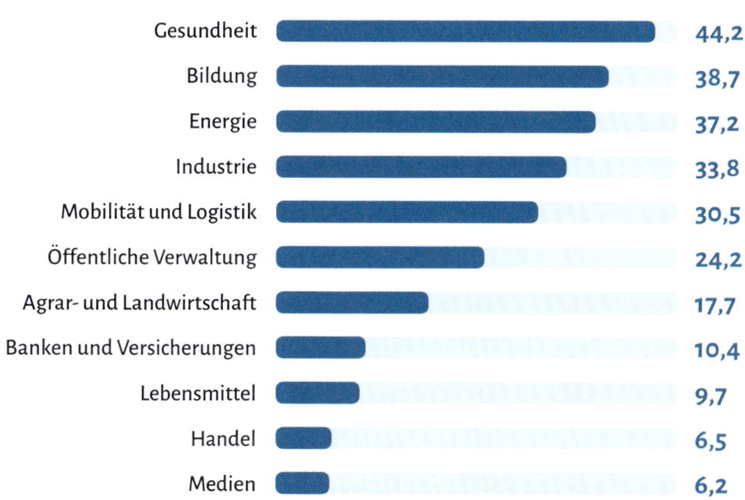

Unicorns in Deutschland und internationaler Vergleich

Anzahl Unicorns in deutschen Städten

Stadt	Anzahl
Berlin	18
München	8
Bruchsal	1
Chemnitz	1
Dresden	1
Frankfurt am Main	1
Köln	1

Top-Städte nach Anzahl Unicorns

Stadt	Rang	Anzahl
San Francisco	1	177
New York	2	117
Beijing	3	64
London	4	43
Shanghai	5	38
Berlin	10	18
München	26	8

Gründungshochschulen (in Prozent)

Hochschule	Rang	Prozent
Technische Universität München	1	4,8
RWTH Aachen	2	4,7
Universität zu Köln	3	3,6
WHU – Otto Beisheim School of Management (Vallendar)	4	2,8
Technische Universität Dresden	5	2,8
Technische Universität Berlin	6	2,4
Ludwig-Maximilians-Universität München	7	2,1
Universität Mannheim	8	2,0
Karlsruher Institut für Technologie	9	1,6
Universität Paderborn	10	1,5
Humboldt-Universität zu Berlin	10	1,5
Technische Universität Dortmund	10	1,5

Entwicklung der Umsätze nach Kundengruppen (in Prozent)

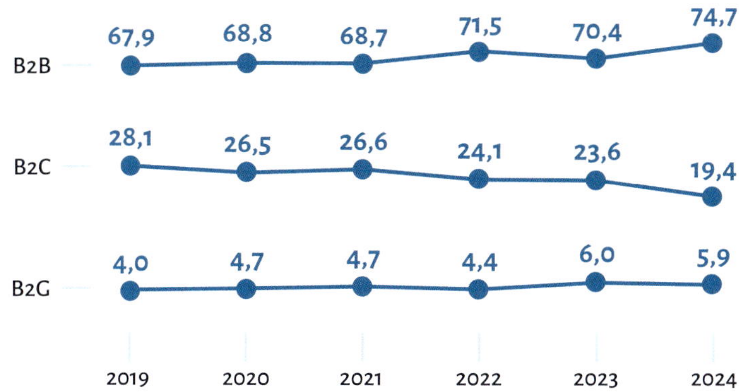

Deep Tech-Start-ups (in Prozent)

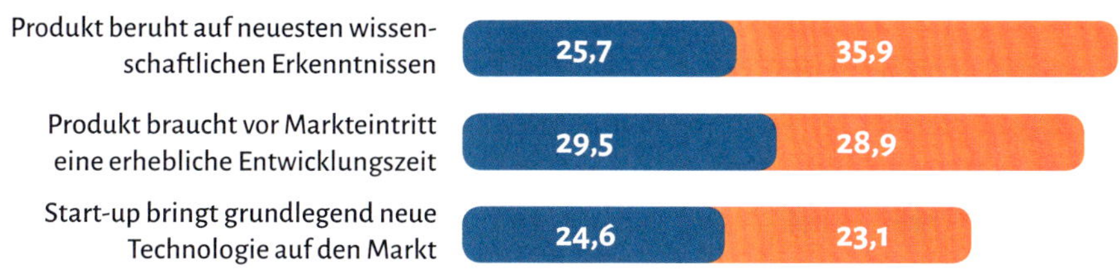

Anteil Deep Tech-Start-ups in Deutschland und ausgewählten Bundesländern

Stimme zu
Stimme voll und ganz zu

Hinweis: Als Deep Tech-Start-ups werden solche bezeichnet, die in allen drei dargestellten Kategorien voll und ganz zustimmen.

Anteil Start-ups mit Hochschulunterstützung und Bewertung [in Prozent]

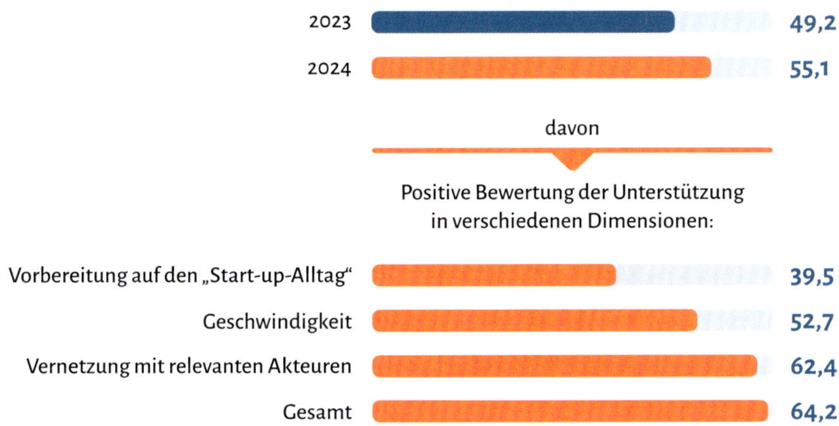

Selbsteinschätzung besondere Fähigkeiten und Stärken [in Prozent]

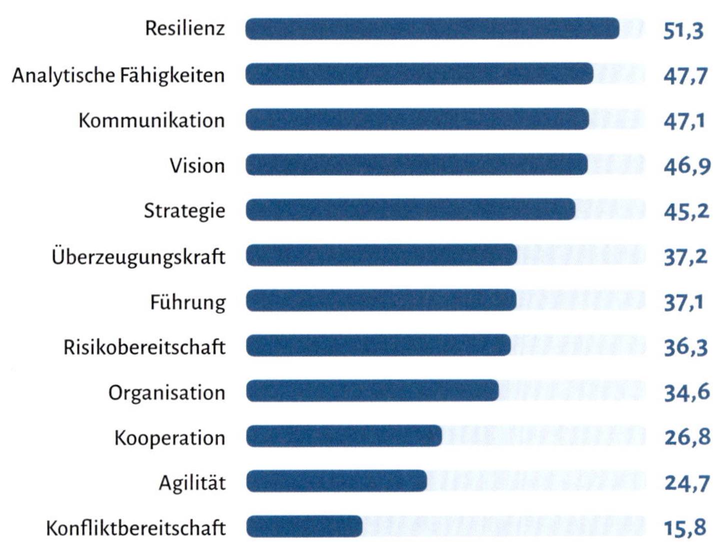

Bewertung des Start-up-Ökosystems (Anteil positive Bewertung) (in Prozent)

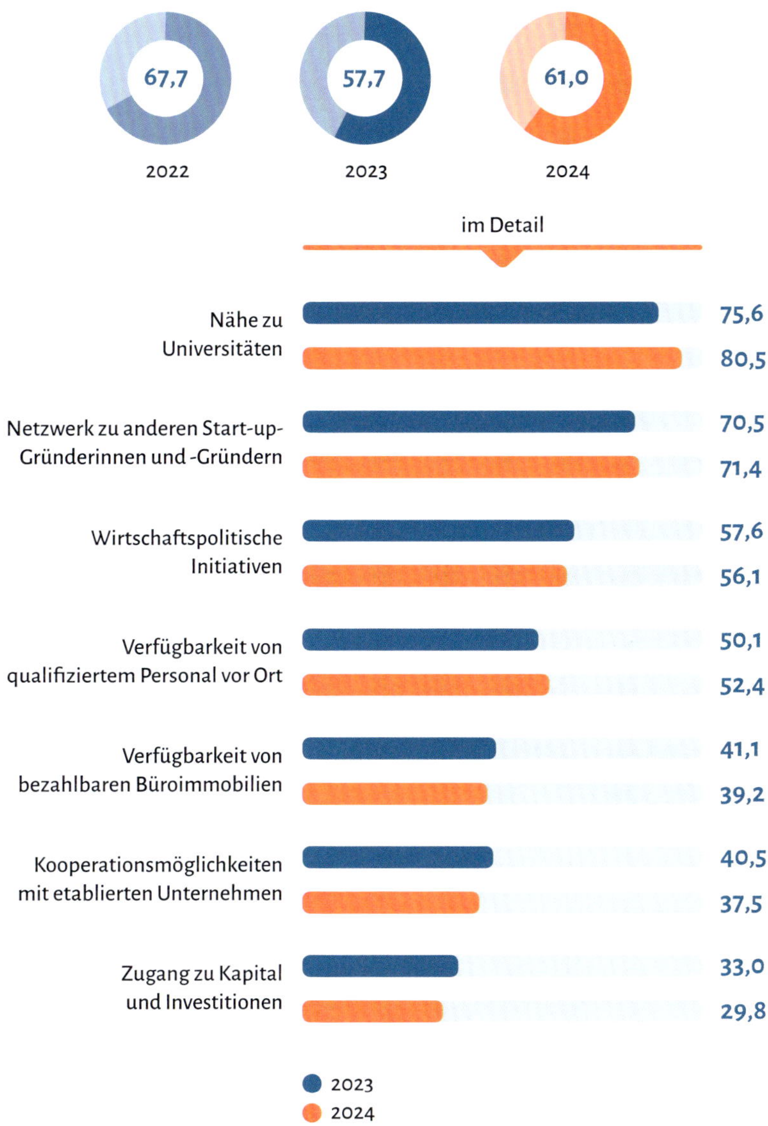

II Wege zum Erfolg: Perspektiven und Strategien

Marc-Alexander Christ

Co-Founder und Gesellschafter SumUp Payments. Entscheidend sind die basalen Aspekte einer „Maker"-Philosophie, die der populären Mythenbildung der Start-up-Szene zuwiderlaufen: Pragmatismus statt Perfektionismus, Intuition statt Vision, Entscheidungswille statt Evaluation, Nüchternheit, Anpassungsfähigkeit statt Selbstbeweihräucherung und Ideologie.

„
Eingebungen folgen, nicht lange die „perfekte" Idee suchen, spontan und schnell handeln und dann im Prozess lernen.

Resümee eines Gesprächs

Die Gründerszene ist voller Mythen über visionäre Denker, die nach langer, minutiöser Planung das perfekte Unternehmen schaffen. Marc-Alexander Christ hingegen zeigt uns ein ganz anderes Bild eines erfolgreichen Gründers. Seine Geschichte ist nicht die eines revolutionären Visionärs, sondern eines Pragmatikers, der im richtigen Moment Chancen ergreift. Im Folgenden tauchen wir in seinen beruflichen Weg ein, der von Zufällen und einer gewissen Gelassenheit geprägt ist – und damit wertvolle Lektionen für angehende Gründer liefert.

1. Das Momentum oder Gelegenheiten nutzen statt zu lange planen

Ein Grundprinzip, das Marc-Alexander Christ lebt, ist das Ergreifen von Gelegenheiten. Mit der Pleite von Lehman Brothers 2008 musste er seine Karriere in der Finanzbranche hinter sich lassen. Das Geschäftsmodell existierte auf einen Schlag nicht mehr. Und so entschied er sich, ein Start-up zu gründen. Das geschah nicht aus einer tiefen Überzeugung heraus, vielmehr fand er sich in einer Situation wieder, in der er einfach keine besseren Optionen hatte. Mit einem vollen Bankkonto und ohne große Verpflichtungen eröffnete sich ihm die Freiheit, neue Dinge auszuprobieren: „Wenn die Opportunitätskosten null sind, dann kann man sich alles angucken." Dieser pragmatische Umgang mit Unsicherheiten und das Vertrauen darauf, dass sich Gelegenheiten im Tun ergeben, kennzeichnet Christs Mentalität als Gründer. Nicht lange die „perfekte" Idee suchen, sondern Eingebungen folgen, spontan und schnell handeln und dann im Prozess lernen. Diese „Learning by Doing"-Haltung ermöglicht es ihm auch, Fehler schneller zu erkennen und anzupassen.

2. Kein Perfektionismus oder Der Weg entsteht beim Gehen

Christ ist davon überzeugt, dass es keine großartige, *die* einmalige Idee braucht, um erfolgreich zu sein. Stattdessen sollte man bereit sein, Chancen wahrzunehmen und einfach loszulegen: „Ich sehe bei vielen Gründern, dass sie 18 Monate lang da sitzen, irgendwelche Ideen evaluieren und nicht ins Machen kommen." Es ist dieser Pragmatismus, der zu einem weiteren zentralen Punkt seiner Mentalität führt: das Überwinden des Perfektionismus. Für Christ ist es wichtiger, etwas zu starten, das „nicht vollkommen beschissen" ist, als auf die perfekte Idee zu warten. Im Tun entstehen Anpassungen und Verbesserungen. Dabei hilft ihm eine weitere Erfahrung. Dass der ursprüngliche Ideengeber nicht zwingend auch der Gründer sein muss. Für ihn ist es weniger wichtig, woher eine Idee stammt, sondern wie sie umgesetzt wird: „Ich glaube, die Vorstellung, dass der ursprüngliche Ideengeber immer auch der Gründer sein muss, ist überbewertet."

3. Gelassenheit in Krisen oder Die Kunst des Durchhaltens

Ein weiteres bemerkenswertes Element in Marc-Alexander Christs unternehmerischem Credo ist seine Gelassenheit im Umgang mit Krisen. Während viele seiner Kollegen nach der Finanzkrise in existenzielle Krisen verfielen, sah er darin eher eine Gelegenheit zur Neuorientierung. Er nutzte, zur Überraschung vieler, das abrupte Ende seiner Investmentbank-Karriere für Urlaube und Entspannung, anstatt in Panik zu geraten: „Man darf das eigentlich gar nicht erzählen, aber du bist Ende 20, hast ein volles Bankkonto und denkst so: Ja, nicht so schlimm." Diese Fähigkeit, in Krisen ruhig zu bleiben, zählt für ihn zu den entscheidenden Faktoren für unternehmerischen Erfolg. Krisen sind in der Start-up-Welt unvermeidlich, und die Art, wie Gründer damit umgehen, entscheidet oft über Erfolg oder Misserfolg. Für Christ ist es die Gelassenheit, die es ihm ermöglicht, den Kopf oben zu halten und flexibel auf neue Chancen zu reagieren, anstatt sich von Rückschlägen lähmen zu lassen.

4. Erkenne die Lage, entscheide schnell

Ein durchgehendes Thema in Christs Gründerleben ist seine Fähigkeit, schnell Entscheidungen zu treffen. Ohne lange zu zögern, springt er von einer Gelegenheit zur nächsten, sei es von einem Immobilienprojekt zu einem Mode-Start-up oder später in die Fintech-Welt. Diese Flexibilität und Bereitschaft, ständig Neues zu lernen, sich nicht auf einen Bereich zu beschränken, zeigt seine dynamische Herangehensweise. Erfolg sieht er nicht als Ergebnis langer Vorbereitung, sondern als Produkt ständigen Ausprobierens und Anpassens.

5. Distanzierte Nähe oder Humor und Ironie im Umgang mit der Start-up-Szene

Das Resümee wäre nicht vollständig, ohne Christs scharfsinnigen Humor und die ironische Distanz zur Start-up-Welt zu erwähnen. Kein Wort der Glorifizierung der Berliner Start-up-Szene, dafür Nüchternheit. Und er spricht immer wieder über die Rolle von Zufällen und Netzwerken, die häufig unterschätzt wird. Die Faszination fürs Visionäre und perfekte Gründungsideen teilt er nicht, sondern sieht den Erfolg eher in der Fähigkeit, sich den Umständen anzupassen und danach zu handeln.

Fazit: Keine Parolen oder Gründen ohne Ideologie

Marc-Alexander Christ ist ein Paradebeispiel für einen Gründer, der nicht durch große Visionen und Ideologien erfolgreich wurde, sondern durch Pragmatismus und die Fähigkeit, Chancen zu ergreifen. Es ist das Gegenteil des Idealbilds eines visionären Start-up-Gründers – und gerade deshalb so lehrreich. In einer Zeit, in der viele Gründer glauben, die perfekte Idee oder den perfekten Plan zu benötigen, zeigt Christ, dass es oft reicht, einfach loszulegen, zu experimentieren und sich den Herausforderungen flexibel zu stellen. Er zeigt eine wertvolle Perspektive für all jene, die im Unternehmertum nicht die perfekte Theorie, sondern pragmatisch Wege zum Erfolg suchen.

Julie Teigland

EY Global Vice Chair – Alliances & Ecosystems. Transformationen werden von Menschen initiiert, gesteuert und vollzogen, ohne ihren Gestaltungswillen, ihre Umsetzungskraft kann es keine nachhaltigen Veränderungen geben. Dies ist der Ausgangspunkt aller Überlegungen, Maßnahmen und Strategien, den Wirtschaftsstandort Deutschland zukunftsfähig zu machen.

”

Es gibt keine erfolgreiche Transformation, ohne die Menschen im Zentrum zu sehen.

Frau Teigland, welche Schlüsselfaktoren sind aus Ihrer Sicht entscheidend, um ein Unternehmen erfolgreich zu transformieren, gerade im deutschen Markt?

Meines Erachtens gibt keine erfolgreiche Transformation – sei es durch Technologie, Nachhaltigkeit oder geopolitische Entwicklungen getrieben –, ohne die Menschen im Zentrum zu sehen. Das gilt nicht nur für den deutschen Markt. Jede Veränderung muss den menschenbezogenen, personalen Aspekt einbeziehen. Man muss sicherstellen, dass Mitarbeiter die Vision, den Weg und den Zweck des Unternehmens verstehen und wissen, wie sie diesen Weg beschreiten können. Ohne diese Klarheit wird eine Transformation scheitern. Unabdingbar ist eine mutige Vision. Das bedeutet, dass Unternehmen klare und inspirierende Ziele formulieren können und auch müssen, die den Mitarbeitern die Richtung vorgeben. Diese Vision sollte nicht nur technischer Natur sein, sondern vor allem strategischer. Und es braucht zwei weitere Faktoren: Resilienz und Agilität. Jede Transformation ist ein langer Prozess mit Höhen und Tiefen. Unternehmen müssen in der Lage sein, auf unerwartete Herausforderungen adäquat und flexibel zu reagieren.

Resilienz und Agilität können durch Umgebungsbedingungen befördert beziehungsweise behindert werden. Mit welchen Bedingungen müssen insbesondere deutsche Unternehmen umgehen?

In Deutschland stoßen wir häufig auf strukturelle Herausforderungen, die für die Entwicklung dieser beiden Faktoren hinderlich sind. Dazu gehört an vorderer Stelle eine ausufernde Bürokratie. Ein Unternehmen zu gründen, ist weitaus komplexer und langwieriger als in vielen anderen europäischen Ländern. Oft fehlt es in späteren Unternehmensphasen an Kapital, besonders bei wachstumsstarken Firmen. Deutschland hat zwar Fortschritte im Bereich der Frühphasenfinanzierung gemacht, doch es ist unverändert schwierig, genügend Wagniskapital in den späteren Phasen zu mobilisieren. Hinderlich ist des Weiteren eine starre Arbeitsmarktregulierung, die Unternehmen in zu geringem

Maße ermöglicht, flexibel auf strukturelle Veränderungen zu reagieren. Hinzukommen die hohen Energiekosten. Das ist ein Faktor, der Unternehmen massiv unter Druck setzt, insbesondere in der Produktion, aber auch in der IT, wenn man berücksichtigt, dass der Betrieb von Rechenzentren überaus energieintensiv ist.

Deutschland ist wirtschaftlich maßgeblich geprägt von seinen Familienunternehmen. Wie schätzen Sie deren Fähigkeit ein, Transformationsprozesse und technologische Veränderungen zu gestalten?

Insbesondere in Deutschland gibt es herausragende Beispiele für langanhaltendes Unternehmertum in Familienunternehmen, die über Generationen hinweg erfolgreich waren und sich immer wieder den Herausforderungen der Zeit gestellt haben. Das Tempo bei Transformationsprozessen ist für sie jedoch häufig ein Problem. Eine gewisse Zurückhaltung gegenüber neuen Technologien bremst die Anpassung. Ich erlebe das bei Unternehmen beispielsweise in der Öl- und Gasbranche, in der es um die radikale Veränderung von Geschäftsprozessen durch Technologie geht. Eine solch grundlegende Transformation erfordert Investitionen und eine Unternehmenskultur, die Innovation fördert. Viele deutsche Unternehmen sind jedoch zu langsam, vor allem im Vergleich zu anderen Märkten. Dabei ist der Faktor Zeit ein entscheidender: Unternehmen müssen schneller agieren, wenn Technologien wie generative KI und IoT unser Leben grundlegend verändern.

Das klingt sehr nach einem dringenden Handlungsbedarf…

Trotz der äußeren Rahmenbedingungen und der Herausforderungen sehe ich riesige Chancen, inbesondere im Bereich Technologie und Nachhaltigkeit. Die technologischen Möglichkeiten sind enorm und werden viele Bereiche unserer Wirtschaft verändern. Aber es liegt an uns, den Mut zu haben, Risiken einzugehen und uns diesen Veränderungen zu stellen.

Abschließend noch eine persönliche Frage: Man weiß, dass Vorbilder und Mentoren in der Karriere häufig eine wichtige Rolle spielen. Inwiefern war das in Ihrer Karriere der Fall?

Ich bin davon überzeugt, dass man nicht werden kann, was man nicht sieht. Vorbilder helfen einem, den Weg zu sehen, den man einschlagen möchte, und geben praktische Ratschläge. Ich habe immer von den Geschichten und Erfolgen anderer Menschen gelernt, sei es durch Biografien, persönliche Mentoren oder Führungspersönlichkeiten, die ich im Laufe meiner Karriere getroffen habe.

Max Rendschmidt

Hochleistungssport lehrt vieles, reicht Talent allein doch nicht aus: Persönlichkeitsentwicklung, Durchhaltevermögen, Resilienz, Wettkampfhärte – kurzum: die Verbindung aus Psyche, Physis, Leistungsdruck und Teamfähigkeit sind Kenn- und Prägemarken, die auch für „Gründernaturen" der Start-up-Szene den Unterschied ausmachen.

„

Man muss auf den Punkt abliefern. Bei jedem Wettkampf.

Herr Rendschmidt, Sie sind vierfacher Olympiasieger im Kanu, haben bislang an drei Olympiaden teilgenommen. Hinzukommen Gold- und Silbermedaillen bei Europa- und Weltmeisterschaften. Bei der Schlussfeier der Olympischen Spiele Paris 2024 trugen Sie mit Laura Lindemann die deutsche Fahne. Wir wollen mit Ihnen über das Thema Leistung und Leistungsbereitschaft sprechen. Doch zunächst: Haben Sie eine Lieblingsmedaille?

Grundsätzlich ist die erste Medaille die wichtigste. Und jede einzelne der weiteren Medaillen ist wichtig und schön und bestätigend.

Hat sich nach dem ersten Medaillensieg die Motivation für das Training und die Wettbewerbe verändert?

Man sagt bei uns im Sport, Weltmeister bist du für ein Jahr, Olympiasieger für dein ganzes Leben. Deshalb ist die erste olympische Medaille auch die wichtigste. Bei mir ist es immer so, dass ich nach der physischen und psychischen Anstrengung für eine Weltmeisterschaft oder die Olympischen Spiele erst einmal etwas Ruhe brauche. Man muss bedenken, dass man in der Vorbereitungsphase über die Hälfte des Jahres in Trainingslagern und Wettkämpfen verbringt. Da ist man froh, wieder zu Hause zu sein, die Familie zu sehen. Aber schon nach kurzer Zeit kitzelt es mir in den Händen, und ich möchte wieder anfangen zu paddeln.

Wie fing es bei Ihnen an? Hatten Sie ein bestimmtes Ziel, als Sie mit dem Kanusport begannen?

Ich bin über meine Eltern zum Sport gekommen und hatte unheimlich viel Spaß, einfach auf dem Wasser zu sein. Nicht an jedem, aber doch an den allermeisten Tagen. Wenn schönes Wetter ist und man häufig der einzige ist, der über den See zieht. Später, in der Schulzeit, war es immer ein Ausgleich für mich, gerade wenn es mal nicht so gut lief. Ich konnte den Stress ein bisschen wegpaddeln. Auch im Sportinternat in Essen, in das ich mit 13 Jahren wechselte, überwog der Spaß. Mit meinen Freunden aus dem Internat bzw. der Trainingsgruppe bestritt ich zusammen die Wettkämpfe. Dann im Junioren-Nationalteam wurde der Gedanke an Olympia oder Weltmeisterschaften präsenter, und mit ihm auch das Training. Und richtig ernst wurde es bei mir erst 2013, als ich in die Leistungsklasse aufstieg. Da setzte sich der Gedanke fest, tatsächlich die Chance zu haben, einmal zu den Olympischen Spielen oder den großen Meisterschaften zu fahren. Bis heute ist es so, dass die Wettkämpfe das schöne i-Tüpfelchen sind, aber dass mir der Kanusport unheimlich viel Spaß macht. Davon zehre ich.

Sie sprachen über den Wechsel auf das Sportinternat in Essen. Das passiert ja nicht einfach so. Haben Sie sich bewusst beworben, gab es ein Scouting?

Es war eine Kombination aus beidem. In Bonn fing ich an mit dem Paddeln auf dem Rhein, bin nur Wildwasser gefahren, das ist keine olympische Disziplin. Später beschlossen meine Eltern, den Verein zu wechseln, in den Rennsport. Ich fuhr bereits westdeutsche Meisterschaften, Deutsche Meisterschaften mit. Und dann sprach eine Trainerin aus Essen meine Eltern an, ob ich dort trainieren will. Ich schaute mir alles an und entschied, dass ich es ausprobieren möchte. Es wurden insgesamt sieben, acht Jahre. Von Montag bis Freitag war ich nun im Sportinternat, fuhr am Freitagabend mit dem Zug nach Hause, verbrachte das Wochenende dort und fuhr am Sonntagabend wieder zurück. Für mich war das kein Problem. Für meine Mutter bzw. meine Eltern wohl eher, immerhin zog der Sohn schon in frühen Jahren aus. So wechselte ich vom Hobby zunehmend in den professionellen Bereich.

Gibt es Trainer oder Mentoren, die Sie in dieser Entwicklung besonders geprägt haben?

Es spielen mehrere Prägungen zusammen. Meine Eltern, die mich zum Sport brachten und bis heute immer für mich da sind. Auf dem Internat ist man mit anderen Leistungssportlern zusammen, jeder mit dem Anspruch, sportlich immer besser zu werden. Man steckt sich gegenseitig an, unterstützt und fordert sich. Die Trainingsgruppen wurden nochmal schneller. Und dann natürlich die Mentoren bzw. Trainer: diejenigen, die die sportliche Entwicklung in Gang setzen. Für mich war es auf der Elsa-Brändström-Realschule in Essen mein damaliger Schulleiter Michael Wolf, der alle sportlichen Aktivitäten sehr unterstützte, uns anspornte, selber Fußballmannschaften trainierte, mit dieser Materie vertraut war. Das erleichtert es. Und später das ganze Team an der Sportschule, allen voran die hauptberuflichen Trainer. Sie fördern, fordern, arbeiten an der Leistungsmaximierung, sind für einen da. Aber man muss selbst dranbleiben. Jeden Tag. Bis man eines Tages hoffentlich Medaillen erringt, bis hin zur olympischen Medaille.

Was zeichnet Leistungssportler aus? Gibt es besondere Eigenschaften, die Sie an sich selbst und anderen Leistungssportlern erkennen?

Leistungssport bedeutet für mich, zunächst Spaß an der eigenen Disziplin zu haben und daran, etwas Neues zu entdecken. Bei allen individuellen Unterschieden ist allen Sportlern wohl diese zielorientierte Eigeninitiative gemeinsam, ein Zielbewusstsein, Leistungsbereitschaft zu jedem Zeitpunkt. Und das Wissen darum, Körper und Geist zur rechten Zeit eine Pause zu geben, da sie kontinuierlich am Limit arbeiten. Man muss konzentriert sein, bei den Wettkämpfen den Start genau treffen. Wir lernen es immer wieder und wachsen mit den Aufgaben.

Die von Ihnen beschriebenen Eigenschaften und Orientierungen lassen sich mit den Herausforderungen von Gründern sehr gut vergleichen, da ist der einzelne ganz ähnlich gefordert. Zur Start-up-Gründerphilosophie gehört aber auch die produktive Auseinandersetzung mit dem Scheitern. Wie gehen Sie mit Rückschlägen um?

Ich hatte in meiner Karriere sehr viel Glück. Natürlich ist das Können die Voraussetzung für eine erfolgreiche Sportlerlaufbahn, aber es gibt glückliche Umstände, die hinzukamen. Dazu gehört es, dass ich in sehr guten Booten mit den besten Leuten saß. Und ich musste keine großen Rückschläge verarbeiten. Es gab für mich nur eine schlechte Saison. In 2014 wurde ich „nur" Europameister im Zweier über 1.000 Meter, einer olympischen Distanz und bei der Weltmeisterschaft in Moskau wurden wir in der olympischen Distanz über 1.000 Meter und 500 Meter jeweils Vierter. Ansonsten habe ich bis jetzt immer eine Medaille von Europa- und Weltmeisterschaften mitgebracht. Schwieriger war es da schon, über mehrere Jahre, zwischen 2018 und 2022, mit meinen Schmerzen umzugehen. Die Hüfte war immer entzündet, die Schmerzen waren so stark, dass ich häufig morgens Hilfe brauchte beim Aufstehen. Die Muskulatur war so stark verhärtet aufgrund eines Ermüdungsbruchs in der Hüfte, wie sich später herausstellte. Ich gelangte an den Punkt, mich zu fragen, wie lange ich damit noch Leistungssport betreiben kann und will.

Aber Sie haben jahrelang damit weitertrainiert …

Es war immer mal besser, mal schlechter. Ich versuchte, die Symptome zu bekämpfen, aber die Ursache blieb. Nach den Olympischen Spielen 2021 in Tokio wollte ich endlich die Ursache für diese Schmerzen herausfinden. Ich konsultierte mehrere Fachärzte, auch einen Rheumatologen, der schlussendlich die Diagnose Rheuma stellte. Daher die Entzündung und auch der Ermüdungsbruch. Ich konnte medikamentös eingestellt werden, seitdem habe ich keine Probleme mehr. Aber das waren schwierige Jahre.

Auch wenn Resilienz, Weitermachen, sich Überwinden und Wiederaufstehen in Ihrem Fall als Sportler neben der mentalen Komponente vor allem physisch noch eine andere individuelle Dimension haben, so kann man doch einmal mehr mit Gründern Gemeinsames festhalten: Können, Talent allein reichen nicht für den Erfolg aus. Und zweitens: Die Einbettung in ein funktionierendes Team ist ein entscheidender Faktor. Lassen Sie uns deshalb auf diesen Punkt zurückkommen. Sie sprachen über die besten Leute, mit denen Sie im Zweier und Vierer im Boot saßen und sitzen und damit Teams auf Zeit bilden. Das heißt, Kanusport ist ein Mannschaftssport.

Ja, es ist auch ein Mannschaftssport, allerdings mit einer Besonderheit. Wir müssen uns im Einzel qualifizieren fürs Nationalteam und werden anschließend für die Mannschaftsboote zusammengestellt. Es geht zunächst also um die individuelle Leistung. Wenn wir im Winter Grundlagentraining betreiben, trainieren wir im Einzel, aber auch schon in Gruppen und können uns gegenseitig pushen. Im April jeden Jahres finden die nationalen Qualifikationen statt, in denen sich jeder einzeln für das Nationalteam qualifizieren muss. Erst danach werden die Mannschaften zusammengesetzt. Und je nachdem, wie erfolgreich ein Boot in den Vorjahren war, wird versucht, es wieder so zusammenzusetzen.

Nach welchen Kriterien werden die Mannschaften für die Boote zusammengestellt?

Grundsätzlich wird versucht, die Besten, das heißt die schnellsten Kanuten im Einzel in einem Boot zusammenzusetzen. Schnelligkeit und Kraft ist der eine Aspekt, aber die Mannschaft muss darüber hinaus harmonieren. Deshalb sprach ich vorhin von dem Glück, dass ich immer mit den Besten und Schnellsten im Boot war und es dann auch noch harmonierte. Wenn das nicht der Fall sein sollte, wird jenseits der Leistung geschaut, welche Fähigkeiten besser zusammenpassen. Ziel ist es jedoch, dass die Schnellsten in einem Boot sitzen.

Bei der Bestenauslese rückt ein Akteur in den Blickpunkt, von dem bisher noch nicht die Rede war. Welche Rolle spielt der Trainer in diesem Auswahl- und Entscheidungsprozess?

Der Trainer entscheidet. Natürlich spielt die aktuelle Leistung, aber auch die Vorleistung bzw. langjährige Erfahrung mit hinein. Für jemanden, der ganz neu im Kader ist, wird es bei gleicher Leistung wahrscheinlich schwieriger sein als für einen erfahrenen Sportler, ins Boot zu kommen. Mein Trainer kennt mich seit 2010 im Nationalteam, und seitdem habe ich ein paar Erfolge geholt. Er weiß, dass ich im Wettkampf immer meine Leistung abrufen kann. Selbst wenn es manchmal vorher ein bisschen hapert oder im Training nicht ganz so gut gelaufen ist. Die Sportler, die bei den Olympischen Spielen starten, sind fast alle auf dem gleichen sportlichen oder Leistungsniveau. Da hängt es letztlich von der besseren Taktik ab, dem mentalen Durchhaltevermögen oder bei wem sich am spätesten die Arme „feststellen“.

Man muss also auf den Punkt abliefern …

Ja, man muss auf den Punkt abliefern. Bei jedem Wettkampf.

Das ist im harten Wettbewerb, in der Bestenauslese der Gründer und ihrer Start-ups nicht anders.

Oliver Bierhoff

Für den ehemaligen Fußballprofi und Verbandsmanager des DFB, Co-Founder der FINVIA Sports GmbH und heutigen Berater für McKinsey und das US-amerikanische Football-Team New England Patriots liegen die Wechselbeziehungen von Hochleistungssport und Start-up-Gründerwelten auf der Hand: Begabung und Talent sollen in Leistung und Erfolg ihren Widerhall finden. Das geht nicht ohne systematische Spitzenförderung, die in der Idee des Leistungszentrums ihren kongenialen Ausdruck findet. In der ganzheitlichen Konzentration und zielgerichteten Förderpraxis sind sie in ihrer Philosophie und Ausrichtung vergleichbar. Vor diesem Hintergrund ist der Dialog zwischen Spitzensport und exzellenten Start-ups für beide Seiten nutzbringend und anregend.

„

Ein Leistungszentrum ist wie ein brodelnder, energetisch-professioneller Kosmos.

Herr Bierhoff, Sie waren nach Ihrer Fußballerkarriere im Deutschen Fußball-Bund tätig, unter anderem als Manager der deutschen Nationalmannschaft der Männer und als Direktor und Geschäftsführer Nationalmannschaften und Akademie. Wir wollen mit Ihnen über den Leistungsgedanken im Sport sprechen und über Parallelen zu unserer Start-up-Welt.

Als langjähriger Verantwortlicher für die Akademie des DFB habe ich immer auch über den eigenen Bereich hinausgeschaut, mich daher auch eingehend mit Start-up-Unternehmen beschäftigt. Es gibt ja auch sehr viele Start-ups im Sportbereich. Es gibt in der Tat einige Parallelen zum Profifußball, zum Leistungssport insgesamt. Beim Fußballprofi geht es neben dem Talent, das vorhanden sein muss, kontinuierlich um Qualität und um Charaktermerkmale wie Widerstandsfähigkeit, Ausdauer, den Willen und die Fähigkeit, gegen Schwierigkeiten anzukämpfen, durchzuhalten und das Ziel konsequent zu verfolgen – um nur einige zu nennen.

Die Intention zu gründen und unternehmerisch zu wirken, besteht zumeist darin, etwas Hochklassiges zu schaffen, zum Beispiel ein technologisches Start-up, das auf Weltniveau erfolgreich sein kann. In Deutschland, so unsere Grundhypothese, geschieht noch nicht genug für einen Technologiestandort auf Spitzenniveau. Wir sind zumindest in bestimmten Teilen eher im Modus des Breitensports. Um dies zu ändern, braucht es, ähnlich dem Fußball, Leistungszentren, die über die etablierten Gründerzentren, Inkubatoren und Akzeleratoren hinausreichen. Sie haben in Ihrer Zeit beim DFB ein Leistungszentrum etabliert. Nach welchen Kriterien wurde es entwickelt und muss es geführt werden, um erfolgreiche Spitzensportler zu entwickeln?

Der Leistungssport und damit auch das System Leistungszentrum haben sich in den vergangenen zwei Jahrzehnten deutlich verändert. Die Voraussetzungen, die geschaffen und gegeben sein müssen, um das sportliche Ziel, um optimale bzw. maximale Leistung zu erzielen, werden immer umfangreicher. Das reicht von Trainingseinrichtungen und Trainingsbetreuung über Ernährung bis hin zur Nutzung aller technischen und technologischen Möglichkeiten. Das gilt im Fußball in ganz besonders starker Weise aufgrund des Kapitals, das eingesetzt wird. Es führt beispielsweise zu einer Spezialisierung im Trainerbereich. Ein Sepp Herberger trainierte vor 50 Jahren die gesamte Mannschaft, auch im athletischen Bereich. Als ich 1986 als Profifußballer bei Bayer Uerdingen begann, gab es keinen Torwarttrainer, das kann man sich gar nicht mehr vorstellen. Heute besteht der Trainerstab aus mehreren Experten. Hinzukommt, dass die Rolle der Leistungssportler in diesem Trainings- und Ausbildungsprozess sich deutlich verändert hat, eine bestimmendere ist. Durch neue Technologien erhalten und kontrollieren sie ihre Leistungsdaten direkt. Sie wollen mitdiskutieren, sind viel stärker involviert und integriert, nutzen die Experten für sich viel selbstverständlicher, als es in meiner aktiven Fußballerzeit noch üblich war.

Wenn wir uns also mit der Frage beschäftigen, wie wir es schaffen, wirklich effektiv und gut zu trainieren und zu arbeiten, muss man inzwischen all diese Kontexte und Möglichkeiten einbeziehen, muss mit Daten und den neuesten Maschinen arbeiten können. Sie ersetzen nie die persönliche Einschätzung eines Trainers oder der Führung, aber eines geht nicht mehr ohne das andere. Ohne wissenschaftliche Analysen, ohne empirisches Material, ohne technologische Unterstützung ist Exzellenz im Sport nicht mehr realisierbar.

Und mit dieser Erkenntnis sind wir beim Ursprung des DFB-Leistungszentrums. Die Vorstellungen Außenstehender darüber, wie das Leistungszentrum konkret aussehen soll, waren interessanterweise recht unterschiedlich – und reichten vom DFB-Campus, einer Akademie, von reinen Lehreinheiten bis hin zur Trainingsstätte der Profis. Klar ist, dass Bundesligavereine das sportliche Zuhause der Spieler sind, dort trainieren sie das ganze Jahr über. Die Vereine verfügen über gute Einrichtungen, die sich ab den 2000er Jahren sukzessive erweiterten im Hinblick auf stärkere professionelle Betreuung. Auch wenn die Einrichtungen nach meiner Wahrnehmung noch nicht so umfassend waren, wie es hätte sein können. Hier wollte ich mit der DFB- Akademie ansetzen, denn wenn man an der Spitze sein will, muss man kontinuierlich vorneweg marschieren, das heißt die neuesten Trends kennen und über die besten Erkenntnisse verfügen. Da wir beim DFB ja ein Monopol auf die Ausbildung haben, vertrat ich die Auffassung, erstens, dass wir verantwortlich dafür sind, die Leistungen der Profisportler weiter zu verbessern und bessere Ausbilder, bessere Trainer zu haben. Kurzum, die Ausbildung zu intensivieren und optimieren. Zweitens, dass wir den kompletten Markt ständig screenen müssen, schauen, was in der Welt passiert, die Experten zu uns holen, die neuesten Studien recherchieren, prüfen, erkennen. Das kann ein Bundesligaverein rein zeitlich nicht allein leisten. Also müssen wir gute Netzwerker sein, all das bündeln und unsere Erkenntnisse dann weiter an die Experten in den Vereinen geben.

Ich habe es gern so formuliert, dass es mein Traum wäre, das Silicon Valley und Harvard des Fußballs zu sein. Natürlich habe ich damit auch provoziert, als Ruhrgebietler ein bisschen ‚auf die Tonne gehauen'. Beides jedoch verbinde ich mit einem hohen Qualitätsanspruch, deshalb war es mein Ziel, dass die Akademie der Anlaufpunkt ist, wenn man die neuesten Erkenntnisse mindestens im Fußball erhalten und sich austauschen will. Und dass wir es schaffen, die neuesten, besten technologischen und technischen Einrichtungen, die ja sehr kostenintensiv sind, zur Verfügung zu stellen. Für unsere eigenen Spieler, aber natürlich auch für die gesamte Fußballwelt. Nach meiner Überzeugung sollte ein Leistungszentrum genau das ermöglichen. Das DFB-Leistungszentrum im Speziellen sollte für eine solch ganzheitliche Leistung stehen, wie ein brodelnder, energetisch-professioneller Kosmos.

Mein Traum war, mit der DFB-Akademie das Silicon Valley und Harvard des Fußballs zu sein.

Wie verhält es sich im Profifußball mit dem Verhältnis von Mensch und Technik? Inwiefern kann die Technologie dabei helfen, die Erfolgsrate des Einzelnen wie der gesamten Mannschaft zu erhöhen?

Technische Einrichtungen zur Unterstützung der Leistungsentwicklung müssen verbunden sein mit einer Vision, mit dem Verständnis dafür, welcher Prozess notwendig ist, um sie erfolgreich umzusetzen. Man muss in jedem Fall einen langen Atem aufbringen, seitens der Vereine in eher mittelfristigen Zeiträumen von zehn bis zwölf Jahren agieren. Nur dann kann die Erfolgsrate erreicht und erhöht werden. Es genügt nicht, von Turnier zu Turnier, von Olympischen Spielen zu Olympischen Spielen zu denken. Häufig werden die technischen Einrichtungen lediglich situativ und kurzfristig eingesetzt. Aber, trotz meiner Technikaffinität bin ich dagegen, dass die Technologie um der Technologie willen eingesetzt wird. Der sinnhafte Einsatz in der Akademie war für mich ein zentrales Kriterium. Nicht Forschung oder auch ‚Screen the Screens' betreiben, um beschäftigt zu sein, sondern verbunden mit einer klaren Zielorientierung. Ich sehe, dass es noch Potential gibt, Dinge mit diesem Verständnis konsequent umzusetzen.

Welche Schwerpunkte werden im Leistungszentrum gesetzt? Im Grunde sprachen Sie von Wissen generieren, bündeln und „zurückspielen".

Wir wollten zwei Bereiche verbinden: die Theorie, das bedeutet die Ausbildung der Trainer und Spieler, und die Praxis, also die Mannschaften in jedem Landesverband. Beide Bereiche müssen sich wechselseitig aufeinander beziehen und befruchten. Ansonsten bleiben Fußballtheorie und Fußballpraxis einander fremd. Ich wollte, dass jeder Trainer beispielsweise parallel zur Praxis in Abständen ein Forschungsprojekt im Verein verfolgt und die Ergebnisse wiederum bei der Ausbildung der Mannschaft nutzt. Dieser Austausch, diese Verzahnung und Praxisrelevanz von Forschung ist enorm wichtig – dieses Prinzip habe ich in der Akademie verfolgt.

Über diesen klar gefassten Rahmen hinaus sollte das Leistungszentrum ein in jeder Hinsicht attraktiver Ort ist. Sie kennen das sicher aus Ihrem Bereich – gute Leute helfen guten Leuten, man treibt sich gegenseitig an, profitiert wechselseitig vom Drive. Wir haben intern intensiv darüber diskutiert, wie transparent wir mit unserer Arbeit, unseren Erkenntnissen umgehen wollen. Was teilen wir mit anderen? Meine Einstellung dazu ist klar, das heißt zu teilen, und bevor andere es übernehmen, an anderer Stelle bereits wieder einen Schritt voraus zu sein. So verstehe ich ein Leistungszentrum, in dem ein solcher Spirit nicht nur von den Leistungssportlern, sondern von allen Beteiligten aktiv praktiziert wird. Es geht bei allen permanent um Höchstleistung.

Das ist bei einem Start-up ganz ähnlich. Es geht darum, die Extrameile zu gehen, neugierig zu sein, dieses ständige Ausprobieren. Das erfordert eine bestimmte Haltung. Da hilft es, wenn man nicht isoliert agiert, sondern sich mit anderen Beteiligten austauscht. Welche Erfahrungen haben Sie bei der Umsetzung Ihrer Vorstellungen gemacht?

Als Fußballfreunde haben Sie die Reaktionen verschiedener Öffentlichkeiten sicher erlebt, wenn ich auch mal ein bisschen mutiger Themen angesprochen habe, um etwas zu bewegen, um ein innovatives, kraftvolles Leistungszentrum zu entwickeln. Ich habe immer daran geglaubt, dass dies gelingen kann. Es gab durchaus direkte Widerstände, Gegenpositionen, das Gefühl, direkt angegriffen zu werden für die bisherige Arbeit, wie es so häufig beim Expertentum der Fall ist. Zu wenig Miteinander, Anerkennung anderer Experten, offenes Austragen solch notwendiger Diskussionen. Diese Erfahrung in der Fußballwelt, es nicht zu schaffen, war für mich durchaus frustrierend. Vielleicht kennen Sie solche Situationen.

Allerdings scheint das doch ein übergreifendes gesellschaftliches Problem zu sein. Aber zurück zu uns: Kein Leistungszentrum ohne Leistungssportler, das heißt ohne Talente, die entdeckt wurden und die sich in einem System der Leistungsförderung zu wahren Leistungssportlern entwickeln und die entwickelt werden. Was müssen diese Talente an Charakterzügen mitbringen, um es tatsächlich bis in die Weltklasse zu schaffen?

Bei Talenten erkennt man die Willensstärke, auf den Punkt zu performen, Druck aushalten zu können, immer präsent zu sein. Die Fähigkeit, wie man im Fußball sagt, der anderen Mannschaft weh zu tun, diese Einstellung zu kämpfen. So wie Michael Jordan, „I've missed over 9,000 shots in my career. I've lost almost 300 games. 26 times I've been trusted to take the game-winning shot and missed. I've failed over and over and over again in my life. And that is why I succeed.“ Diesen Mindset finde ich ganz entscheidend. Man sieht viele erfolgreiche Karrieren, man sieht die Titel und Medaillen, aber man sieht nicht all die Misserfolge, die dem vorangingen.

Das ist mit Sicherheit eine Parallele zu Gründern. Sie wollen gründen und müssen dabei auch herausfinden, welcher Gründertypus sie sind. Sie müssen mit Rückschlägen, Änderungen umgehen, ihre Geschäftsidee den Gegebenheiten anpassen oder sogar völlig verändern, um Erfolg zu haben. Diese Prozesse von außen und innen muss man verarbeiten und immer daran weiterarbeiten.

Unbedingt. Man muss als Leistungssportler mit dem permanenten Druck umgehen, dem eigenen, inneren, aber vor allem dem äußeren. Von den Wettbewerbern, Trainern, Zuschauern. Das ist sicherlich vergleichbar. Das muss man ein Stück weit ausblenden bzw. kanalisieren können, darf das eigene Handeln nicht beeinträchtigen. Jeder geht damit anders um, offensiv oder versteckt. Gleichzeitig muss der Druck schon auch präsent sein, spürbar, um Höchstleistungen zu erzielen. Und natürlich braucht man, wenn man sehr erfolgreich sein will, grundsätzlich ein gesundes Selbstvertrauen. Ganz ähnlich habe ich es bei Start-up-Unternehmern kennengelernt. Da steigt mit jedem (Teil-)Erfolg auch die Präsenz und das Selbstbewusstsein. Im Leistungssport ist das verbunden mit einem großen Kreis an unmittelbar Beteiligten. Und man ist ständig öffentlich sichtbar mit der eigenen Performance oder Nicht-Performance. Das ist ebenso klar wie hart.

Welche Rolle spielt das unmittelbare Profi-Umfeld in diesem Prozess? Von außen betrachtet hat man mitunter den Eindruck, dass die Persönlichkeitsentwicklung nicht immer Schritt hält mit sportlichen Erfolgen.

Das kann sehr rasch passieren. Block the noise. Da ist es wichtig, ein gutes Umfeld zu schaffen, das unterstützt, auch kritisch unterstützt und begleitet, das ehrlich ist zum Leistungssportler. Insbesondere bei Fußballern, die eine große Aufmerksamkeit haben, hängt viel von einem solchen Umfeld ab. Das ist ein sensibles Wechselspiel von Eigenanalyse und der Analyse des Umfelds.

Risikobereitschaft, natürlicher Fit, Dynamik. Bei den Parallelen drängt sich die Frage geradezu auf, ob Leistungssportler prädestiniert sind, erfolgreiche Unternehmer zu sein. Es gibt ja aktuelle Beispiele erfolgreicher Fußballer wie Philipp Lahm, Julian Draxler oder Mario Götze, die in Start-ups investieren.

Ein Leistungssportler kann meines Erachtens grundsätzlich ein guter Unternehmer werden. Dabei muss er sich bewusst sein, dass er eine Menge lernen muss, um erfolgreich unternehmerisch tätig zu sein. Ich kenne das durch das Mitgründen eines Multi Family Office aus eigener Erfahrung. Prinzipiell kann schon die Gefahr bestehen, sich von der, ich nenne es mal Coolness, dem schillernden Anschein der Start-up-Szene täuschen zu lassen. Und nicht die Härte zu sehen, gerade in den ersten Jahren, Opfer bringen zu müssen. Aber der Fit, den ein Leistungssportler mitbringt – unter Druck arbeiten, Entscheidungen treffen, kommunikativ sein, ein gutes Netzwerk haben und diszipliniert und ausdauernd sein Ziel verfolgen –, das sind sehr gute Voraussetzungen. Ich beobachte, dass gerade vermögende Sportler mehr und mehr unternehmerisch tätig sein wollen. Das passiert bei den meisten jedoch eher situativ, noch nicht strukturiert genug. Nicht viele arbeiten sich so tief hinein wie Mario Götze, für den die Beteiligungen eine Investition und Positionierung zugleich bedeuten.

Man muss sich immer fragen, und ich kenne das von mir, welchen Anspruch man an sich hat. Um in einem Kreis mit Profis auch zu bestehen. Dennoch finde ich es unter zwei Aspekten erstrebenswert: Ich würde immer sagen, dass man es versuchen muss, und dadurch auch ein bisschen die Gesellschaft unterstützen kann. Und man muss Gründer unterstützen, die in dieses Risiko gehen und Verantwortung übernehmen, auch für unser Land. Wir können ja nicht immer nur neidisch nach Amerika schauen. Deswegen bin ich froh, dass die Fußballer und andere Sportler mehr Aufmerksamkeit darauf legen, mit ihrem Netzwerk für mehr Aufmerksamkeit zu sorgen. Das ist mit Sicherheit vielen Startups so gar nicht möglich.

Da steigen wir gleich ein: Lassen Sie uns ein Leistungszentrum bauen für Sportler, die Unternehmer werden wollen. Es ist ein inspirierender Gedanke.

Man muss Orte schaffen, die inspirieren.

Mich lässt das Nachdenken über den Leistungsgedanken einfach nicht los. Es wäre Klasse, ja fast notwendig, man hätte eine Location, in der man die Garantie für die Ausbildungswege übernehmen und weitere Bereiche nach eigenem Ermessen betreiben kann. Wie kann es gelingen, dass Leistung wieder positiv gesehen wird, auch die Lust auf Leistung zu stärken, Dinge anzugehen. Und wo und wie werden junge Menschen unterstützt, die etwas leisten wollen? Das ist selbst in der Schule schon schwierig. Also das wäre so ein Traum – ein Leistungszentrum zu schaffen, das ein Magnet für Firmen weltweit ist, ein Anlaufpunkt für Top-Sportler und Top-Experten aus unterschiedlichen Bereichen, die eine ganz besondere Energie erzeugt. Eine Mischung aus Regenerationsareal und Austausch und Freude und lebendigem Wissensreservoir. Das Ruhrgebiet ist so ein Gebiet. Es wäre ein guter Ort.

Man muss diejenigen finden, die etwas bewegen wollen. In jedem Bereich müssen die systemischen Besonderheiten berücksichtigt werden, und man kann nicht darauf vertrauen, dass man per se auf Motivierte trifft. Man bekämpft immer auch gleichzeitig das System. Aber mit den Fähigen und Willigen etwas wirklich Gutes aufzubauen, etwas, was Wirkung entfalten kann, das ist auch unser Ziel mit der Initiative Start-up Alliance. Mit unseren Partnern, mit der RAG Stiftung, mit dem Initiativkreis Ruhr.

Das ist ein wirklich schöner Gedanke. Man hadert ja manchmal mit dieser Mentalität der Deutschen. Ich versuche es immer, wie schon bei der Nationalmannschaft, mit Freude, mit einem Lächeln im Gesicht zu arbeiten. Und das hat lange Zeit auch abgestrahlt. Man braucht ein Team, das diese Arbeitsweise teilt und Menschen mitreißen, zusammenbringen kann. Und dabei die Akquise, das Wirtschaftliche nicht vergisst. Ich denke, das ist nichts Fußball-Spezifisches. Es gibt Parallelen in der Forschung, in den Universitäten etc. Man muss Orte schaffen, die inspirieren.

Philipp Herrmann
Dr. Christian Lüdtke

Die multiperspektivische Sicht aufs Gründen und die Gründerszenen, die beide als Betriebswirt bzw. Volkswirt, Führungskräfte in Konzernen, erfolgreiche Start-up- und Akzeleratoren-Gründer haben, erlaubt einen differenzierten, ebenso praxisnahen wie kontextbezogenen Blick auf die Gründer-Zeiten von morgen in Deutschland und Europa. Mit den Erfahrungen aus dem Silicon Valley die Rahmenbedingungen schaffen, um international wettbewerbsfähig zu bleiben, ist das Ziel ihrer Aktivitäten im Ruhrgebiet.

„

Man braucht Vorbilder und Verbündete.

Steigen wir direkt ein und beginnen unser Gespräch mit dem Themenkomplex Gründen und Gründer. Mal Hand aufs Herz, wie erinnern Sie sich an die eigene Gründererfahrung? Als zwei bestens ausgebildete Wirtschaftswissenschaftler, die alle Voraussetzungen mitbringen sollten, um kompetent zu gründen.

Christian Lüdtke (CL): In das Gründungsthema bin ich im Grunde „hineingeschlittert". Mit Philipp zusammen. Es gab dieses Momentum, als ich bei einem amerikanischen Verlag in Dublin beschäftigt war. Meine Aufgabe war es, Ideen intern zu identifizieren und zu Geschäftsfeldern zu entwickeln. Ideen zu finden, war nicht das Problem – die konkrete Umsetzung allerdings schon. Philipp absolvierte zu jener Zeit seinen MBA an der Stanford University, und wir haben darüber diskutiert, wie es wäre, wenn man versuchen würde, die komplementären, aber einander fremden Kompetenzen von Corporates und Start-ups zu kombinieren. Daraus entstand dann das Vorhaben, einen „Übersetzer der beiden Welten" zu entwickeln. Das war der Start unseres Company Builder „etventure".

Es war zudem schon länger so ein Wunsch in mir gewesen, einmal eigenständig und unternehmerisch tätig zu sein. Wenn auch eher im Umfeld eines Unternehmens, das heißt aus einem Unternehmenskontext heraus selbst zu gründen. Mir half es sehr, ohne große Vorabziele zu beginnen. Ich wollte einfach etwas Kraftvolles bauen und gestalten können. Ehrlicherweise machte ich mir nicht dramatisch viele Gedanken, was es konkret bedeuten wird. Ein bisschen ungeplant war es und deshalb auch ziemlich naiv. Es war wie ein Gottvertrauen, dass das auch funktionieren wird.

Ich will kurz einhaken als Geisteswissenschaftler. In der Ästhetischen Erziehung von Friedrich Schiller ist diese Form von Naivität praktisch der urkreative Trieb. Aus dem Mund eines promovierten Volkswirts ist das besonders interessant. Aber es braucht offenkundig dieses Momentum.

CL: Ja, bei mir war es dieser Moment, wo vieles so gut zusammenpasste. Das hieß, nicht lange nachzudenken, sondern einfach ins Machen zu kommen. Und natürlich baute man dann einen Plan, weil man es so gelernt hat. Ich glaube jedoch, es war dieses Vertrauen, dieser Vorwärtsdrang, der Wunsch, es mir selber zu beweisen. Es einfach wagen und dann mit aller Konsequenz vorantreiben.

Das ist der entscheidende Punkt. Diese intrinsische Motivation, die Gründer-Experience.

Philipp Herrmann (PH): In meinem Fall war es so, dass ich durchaus erst einmal angesteckt werden musste – im ersten Schritt von dem Dritten im Bunde, Philipp Depiereux, mit dem wir gegründet haben, und dann auch von Christian. An sich war ich nicht der Typ von Gründer, der impulsiv und gerne auch mal allein voranschreitet und sagen würde, ich starte mal so eben, auch wenn noch sehr vieles völlig unklar ist. Ich bin eher jemand, der gern im richtigen Teamsetting arbeitet und schnell gemeinsam evaluiert. Bei etventure haben wir das Start-up alle gemeinsam aufgesetzt und es gleichwertig vorangetrieben – das war von Anfang an ein ideales Setting für mich. Absolut. Aber für mich war es wichtig, dass es jemanden gab, der initial sagte: Let's do it. Und der mich ganz klar brauchte, um es dann zu realisieren. Und in unserem Fall hatte ich das Gefühl, dass wir zusammen eine super Kombination bilden.

Sie sagen, dass es das Team ist, was Sie dazu gebracht hat, Gründungsteam zu werden. Von Malcolm Gladwell stammt die Überzeugung, dass immer drei Arten von Gründern oder Teammitgliedern zusammenkommen müssen, um ein erfolgreiches Team zu bauen: einen Maven, einen Kommunikator und einen Connector. Wie würden Sie Ihr Gründerteam beschreiben? Als komplementäre Einheit oder als eine, die einander sehr ähnlich war?

PH: Wir haben uns einfach extrem gut ergänzt. Es entstand in kurzer Zeit ein Vertrauen, wir wussten, man hat den gleichen Mindset – kulturell, in Richtung Kunden und ambitionär. Wir konnten schon sehr bald parallel arbeiten, und zwar nicht in dem Sinne, dass wir die gleichen Dinge tun, sondern wir uns nicht permanent abstimmen mussten. Die Rollenverteilung war für mich schnell klar und akzeptiert. Jeder von uns wusste, glaube ich, worauf er sich grundsätzlich fokussieren kann und muss.

CL: Ich stimme dir prinzipiell zu, auch wenn es für mich anfangs nicht so klar war im Hinblick auf die Kompetenzen und das Sich-ergänzen wie jetzt im Rückblick. Wir waren immerhin zu dritt. Es entwickelte sich aus einer gewissen Logik heraus, wie im Alltagsleben auch. Man schaut, wer hat welche Schwerpunkte und Fähigkeiten, wer übernimmt welchen Bereich, Marketing oder Finanzen oder Produktentwicklung. Über die Zeit hat es sich in dieser Form eingegroovt, und man lernte es zu schätzen. Auf dieser Grundlage hat jeder dann seine Kompetenz weiterentwickelt und diese Rolle für sich als eigene Rolle auch angenommen. Und irgendwann gab es einen Moment, an dem klar und logisch war, wer wofür steht. Wir verstanden und respektierten es. Das ist für mich unsere größte Leistung, die wir vollbrachten.

Du sprachst von Vertrauen. Dazu gehörte, dass jeder von uns sicher sein konnte, dass derjenige, der etwas am stärksten wollte und sich durchgesetzt hatte, nicht stoisch an seiner Entscheidung klebte, sondern, falls es erforderlich war, kein Problem damit hatte, die Entscheidung zu revidieren. Dass die Offenheit bestand, Fehler zuzugeben oder Dinge wirklich noch einmal komplett anders anzugehen. Das ist eben dieses Vertrauen, aber auch Wissen darum, die beste Lösung zu finden und nicht sein Ego nach vorn zu stellen. Und natürlich ist auf dem Gründungsweg nicht alles eitel Sonnenschein. Dass es diese Offenheit bei uns gab, ist bemerkenswert und aus meiner Sicht alles andere als selbstverständlich.

> *Ich will einmal wie ein Künstler an dieses Thema herangehen. Für die großen Fluxus- und Aktionskünstler der 1960er Jahre brauchte es für kreative Schöpfungen vier Elemente: die Idee, das Material, die Situation und den Ablaufplan. Wie sind Sie auf die Idee gekommen oder, anders gefragt, wie hat sich diese Idee zu gründen plötzlich manifestiert?*

CL: Philipp, das musst du beantworten, weil du einen Schritt früher da warst. Ich habe diese Idee dann komplementiert.

PH: Die Idee ist nicht am Reißbrett entstanden. Nein, es kam durch konkretes Tun, Testen, Scheitern, Lernen. Ich arbeitete Anfang 2010 in einem technologischen Innovationsprojekt mit unserem späteren Mitgründer Philipp Depiereux zusammen. Wir waren beide interimistisch eingesetzt und daher gedanklich frei für nächste Schritte – da passte schonmal das Timing. Schnell haben wir dann auch unsere inhaltliche Komplementarität entdeckt – und die beiderseitige Ambition, etwas zu bewegen.

Im Anschluss an das besagte Projekt ging ich zwar nach Stanford ins Silicon Valley, wir begriffen das jedoch trotz der räumlichen Entfernung als Chance. Er kam aus dem Mittelstand, hatte umfassende Vertriebserfahrung. Ich kam aus der Start-up- und Tech-Ecke und war in einer der Hochphasen der globalen Innovationswellen im Silicon Valley – eine Mischung, die uns elektrisierte. Am Ende gründeten wir einfach eine Firma mit der Vision, neueste Technologien in Form von Start-up-Projekten bzw. -Firmen in den deutschen Mittelstand zu bringen. Das heißt, technologische Opportunitäten frühzeitig in den USA identifizieren, diese dann in für den Mittelstand wertstiftende Produkte umzumünzen und gemeinsam mit externen Kapitalgebern großzumachen.

Wir hatten, was nicht schlecht war, ab dem Moment der ersten Idee und initialen Gründung etwas Zeit, um diese Idee reifen zu lassen bzw. zu entwickeln. Ein Jahr evaluierten und arbeiteten wir darauf hin, ich in Stanford, er zu Hause. Und ja – wir mussten in dieser Zeit viele erste Ideen verwerfen, konnten aber immer wieder lernen und besser werden. In meinem Summer Break von Stanford veranstalteten wir dann mit unserem stark optimierten Ansatz eine Roadshow in Deutschland und warben eine erste siebenstellige Finanzierung ein – eine signifikante Validierung unseres Vorhabens. So ging es dann weiter – Step by Step. Doch dieser beschriebene Initialmoment und dieses Timing waren eine ganz zentrale Sache. Jemanden zu finden, mit dem man reflektiert und Ideen für die Zukunft entwickelt. Und dann auch einfach zu machen – gründen, evaluieren, auch in Momenten des Scheiterns dranbleiben, zusammenhalten, erste zählbare Erfolge erzielen. Das bildete die Basis für die wirklich großen Schritte später.

Also die Erkenntnis eines Mangels als Grundlage der Idee, wie man etwas besser machen kann.

PH: Auf jeden Fall. Der zweite Teil der Geschichte, in welcher Christian hinzustieß, ist noch stärker, wurde besonders erfolgreich. Unser erster Teil war, wie gesagt, die erste wichtige Basis. Wir begannen erst einmal und taten, was getan werden musste, bauten die ersten Start-ups, gewannen Business Angels und Kunden. Es wurde sichtbar, dass wir am richtigen Thema dran sind und auch umsetzen können – das ist mit Sicherheit eine unserer Stärken gewesen. Und dann kam Christian dazu.

CL: Mein Case, der zweite Teil der Geschichte, begann in Irland, wie eingangs schon berichtet. Man analysiert also, erstellt viele Excel-Tabellen und Slides, kommt aber nicht – in diesem Punkt finden sich die Schnittmengen zu Philipp – in die Umsetzung. Und daraus speiste sich die Geschäftsidee unserer späteren, gemeinsamen Firma: im Auftrag eines etablierten Unternehmens tätig zu werden, das über die finanziellen und personellen Ressourcen, über einen Brand verfügt, aber eben nicht die Fähigkeit besitzt, Innovationen wirklich schnell auf die Straße zu bringen, zu prototypisieren usw. Kurzum, die Kombination aus Start-up-Mentalität und -Fähigkeiten mit den spezifischen Fähigkeiten eines Unternehmens.

Auf diesen beiden Säulen fußt etventure, das wir später bauten: zum einen auf dem Bau eigener Start-ups, an denen wir beteiligt sind, und die wir an den Markt bringen und zum Exit führen. Zum anderen im Auftrag, als Serviceleistung gewissermaßen, Start-ups für Unternehmen zu bauen. Dahinter stand die Überlegung, dass das, was wir in jener

Zeit in unseren früheren Bereichen suchten und gebraucht hätten, vielleicht viele andere Unternehmen auch brauchen könnten. Das Thema Start-up war evident, aber die Unternehmen fanden keinen Weg, Start-up-Denken und -Mentalität ins Unternehmen zu integrieren, wie ein Start-up in einem geschützten Raum zu agieren. Wir boten also diese Leistung unterschiedlichsten Unternehmen an und bekamen relativ schnell Traktion, trafen damit offensichtlich einen Nerv und auf eine große Nachfrage. Wir konnten Unternehmen helfen, mit dem Bau von Start-ups ein Problem zu lösen und dabei gleichzeitig zu lernen, wie sie funktionieren. Mit etventure besetzten wir eine Lücke – die Corporate-Welt und die Start-up-Welt zusammenzubringen.

Das ist eine fast perfekte Geschichte. Ich will jetzt einmal einen Perspektivwechsel vornehmen. Sie sind altersmäßig beide an der Schnittstelle der Generation X und Generation Y. Wenn Sie mit Ihrer Eigenerfahrung des Gründens auf die Generation blicken, der sie heute zu ihrem Glück verhelfen wollen, das heißt zum Aufbau, zur Entwicklung eines erfolgreichen Start-ups, was fällt Ihnen im Vergleich auf? Was erleben Sie heute, über Bryck oder auf Kongressen und anderen Veranstaltungen, an der aktuellen Gründergeneration, der vielzitierten Generation Z?

PH: Das ist eine gute Frage. Also, warum ist es nicht ganz so leicht, diesen Vergleich zu ziehen. Ein Grund besteht darin, dass wir uns aktuell bei Bryck in einer anderen Welt bewegen, die der B2B-Tech-Start-ups. Wir hatten seinerzeit mit etventure ein Unternehmen gegründet, mit dem wir unsere Idee schnell umsetzen konnten, sehr schnell direkt wirksam wurden, anfangs keine Investoren brauchten. Und später Investoren gewannen, aber nicht für die eigene Firma im Kern, sondern für unsere Tech-Ausgründungen. Deep Tech-Start-ups, wie wir sie heute betreuen, haben es jedoch mit ganz anderen Herausforderungen zu tun. Es ist deutlich schwerer, direkt wirksam zu werden, weil sie häufig schon in sehr frühen Phasen signifikant Geld benötigen und gleichzeitig deutlich längere Zyklen in der Produktentwicklung haben. Wir sollten hier also nicht Äpfel mit Birnen vergleichen.

Dies vorausgeschickt, muss ich sagen, dass die Gründer von heute auch – und trotz ihrer Herausforderungen – sehr bissig sind. Es ist nicht so, dass sie generationsbedingt einen grundsätzlich anderen Ansatz haben. Natürlich sind sie stärker auf zusätzliche Aspekte wie zum Beispiel Sustainability fokussiert, das schon. Und sicherlich gibt es immer wieder Themen, auf die sie stärker mitschauen als nur auf das Business. Das ist, das kann man schon sagen, ein grundsätzlicher Trend. Insgesamt jedoch nehme ich sie sehr positiv wahr, diejenigen zumindest, die wir im Rahmen von Bryck treffen und natürlich auch ausgewählt haben. Ich glaube vollstens an die neuen Generationen, und wir müssen alles dafür tun, dass sie erfolgreich sind.

Es kommt ein zweiter Aspekt hinzu, die Generation von Gründern und Gründerinnen, denen wir bei Bryck begegnen, ist deutlich technologischer. Unsere eigene Gründung könnten wir heute nicht mehr so betreiben, wie wir es taten; heute würden technologische Faktoren eine deutlich größere Rolle spielen, umfänglich und in der Tiefe. Die heutige Generation braucht und nutzt viel mehr datenbasiertes, KI-basiertes Know-how, weil die Technologie natürlich vorangeschritten ist. Es geht heute nicht mehr um die Gründergeneration, wie es sie vor zehn Jahren eben auch gab. Die sofort gründete, einfach einen Shop aufmachen und in allen Teilen der Welt Kleidung etc. verkaufen konnte. Also die Rocket Internet-Generation. In dem Bereich, in dem wir uns heute bewegen, im Deep Tech-Bereich, ist das so nicht mehr möglich. Da muss man technologisch viel mehr liefern, um im jeweiligen Marktsegment erfolgreich zu sein.

CL: Unserer Generation half, du erwähntest eben das Thema Rocket Internet und Samwer-Brüder – eine herrschende Goldgräberstimmung. Es war etwas ganz Neues, eine Entwicklung, ein Phänomen, das aus den USA nach Europa, nach Deutschland regelrecht schwappte. Plötzlich gab es Start-ups und Entwicklungen, die in Lichtgeschwindigkeit passierten, bei denen jeder in irgendeiner Weise dabei sein wollte, egal ob im guten oder schlechten Sinne. Jede Idee wurde angeschaut, wie man superschnell reich werden konnte. Hinzukam das Thema Venture Capital. Damit konnte man bereits nach wenigen Monaten irgendeinen Klon eines amerikanischen Start-ups herstellen und für viel Geld verkaufen. Ein prominentes frühes Beispiel stellt die von den Samwer-Brüdern gegründete Online-Auktionsplattform Alando dar, die wenige Monate nach Gründung für angebliche 43 Millionen US-Dollar an Ebay verkauft wurde. Diese Goldgräberstimmung gibt es so nicht mehr. Das ist meiner Meinung nach auf der einen Seite gut, weil das Business heute sehr viel geerdeter ist. Mit einem Nachteil, weil diese einstige Leichtigkeit, die Unbeschwertheit damit auch ein Stück weit verschwunden ist. Die Welt hat sich weiterentwickelt, man ist vorsichtiger geworden, der Vorlauf ist ein längerer, um mit einem Case später auch Geld zu verdienen. Die Geschichten vom Gründen funktionieren heute immer noch in Teilen, aber es sind nicht mehr in der Breite diese wilden Geschichten. Und damit verändern sich natürlich auch die Gründertypen. Es gibt seltener die Typen à la ‚uns gehört die Welt', es sind beim Gründen weniger der Drang und die Naivität im Spiel als noch in unserer Gründergeneration. Man geht inzwischen bedachter, strukturierter an das Thema heran. Man bedenkt im Vorfeld stärker, ob etwas passt, technologisch funktionieren kann, zusätzliche Faktoren berücksichtigt werden, etwas sustainable ist, auch die eigenen Vorteile usw. Die Motivationsstruktur hat sich verändert, es ist mehr ein „more sophisticated approach" geworden.

Ein Mentalitätswechsel also …

Ich glaube schon.

Die Situation hat sich geändert, aber mit ihr auch die Mentalität.

CL: Ob das mit der Generation zusammenhängt oder eher mit der Weiterentwicklung des Marktes, ist schwerlich zu sagen. Aber dass der Funke nicht mehr in dem Maße vorhanden ist, wie wir ihn erlebt haben, das kann man mit Sicherheit sagen. Auch wenn das natürlich Vorteile hat, dass der Markt ein bisschen seriöser, weniger wild geworden ist.

Gehen wir zum zweiten großen Schwerpunkt: Wege zum Erfolg. Sie sind heute für diese Wege zum Erfolg zuständig, haben dafür mit Bryck eine eigene Firma, in einer spezifischen Konstellation. Und wir bleiben beim Fokus auf die B2B-Deep Techs, die qualitativ die Spitze im Gründer- und Start-up-Kosmos markieren. Ich möchte es auf drei Aspekte fokussieren, die den Weg zum Erfolg bestimmen könnten. Erstens, der Faktor Mensch und damit Persönlichkeitsbildung, Vorbilder, worüber Sie bereits sprachen. Zweitens, die Frage nach den Institutionen und Organisationen, von der Universität bis eben zum Reallabor und einem zukünftigen Leistungszentrum. Und drittens die Frage nach der Methode, den Konzepten, Strategien, die notwendig sind in diesem Kontext und in der Wechselbeziehung von Institutionen und Menschen.
Sie agieren verstärkt in den vielfältigen Beziehungsgeflechten, lernen die deutsche universitäre Organisationskultur kennen. Sie haben es mit Gründern aus dem akademischen Umfeld zu tun, mit der Administration und mit Unternehmen. Wie würden Sie den Faktor Mensch in diesem Zusammenhang beschreiben? Was für Menschen müssen idealtypisch da sein und welche Typen müssen zusammenkommen, auf dass es erfolgreich wird?

PH: Das Thema Mensch steht aus meiner Sicht absolut im Vordergrund. Die beste Institution schafft es nicht, aus einem Nichtgründer letztlich einen Gründer hervorzubringen oder beizubringen, nun als Gründer oder Gründerin unterwegs zu sein. Die Gründerinnen und Gründer, die wir treffen, kommen aus unterschiedlichsten Kontexten, und mit Sicherheit gibt es Kontexte, in denen sie besonders gut identifiziert und in der Folge empowert werden. Aber im Grundsatz bin ich der Meinung, dass es schon auf einer menschlichen Anlage beruht – spezifische Grundkonstellationen bzw. Persönlichkeitsmerkmale müssen gegeben sein, auch wenn sie unter Umständen erst einmal „aufgeweckt" oder aktiviert werden müssen.

Ambition und Hunger, Risiko und Mut gehören dazu. Man wird niemand wirklich Erfolgreichen finden, der oder die nicht auch ganz klar Tag und Nacht getrieben ist, und zwar substanziell getrieben, im Aufbau des eigenen Start-ups. Und zu Hunger und Risiko gehört auch immer, ‚in den Schmerz zu gehen'. Und diesen Schmerz dann ummünzen zu können in außergewöhnliche Fortschritte. Das bedeutet auch, Resilienz und Ausdauer vorweisen zu können, wenn es mal längere schwierige Phasen gibt. Solche Menschen muss man finden.

Ein anderer interessanter Aspekt ist, dass z. B. in der amerikanischen Gründerkultur immer sehr auf einzelne Gründerpersönlichkeiten, fast schon Superhelden, fokussiert wird, die man schnell als Einzelkämpfer wahrnimmt. Ich muss allerdings sagen, dass die erfolgreichen Gründer und Gründerinnen, die wir kennen, und die ich auch bereits im Silicon Valley kennengelernt habe, sich insbesondere dadurch auszeichneten, zu verstehen, wie man ein hochperformantes Team baut – und mit welchen Persönlichkeiten man sich selbst als Führungsfigur umgeben muss. Hierzu wird meines Erachtens beispielsweise viel zu wenig geschult in unseren Ausbildungssystemen. Das fällt uns dann in späteren Phasen des Start-up-Lebenszyklus häufig auf die Füße.

Des Weiteren gehört zu den Charakteristika eines Gründers bzw. einer Gründerin natürlich eine Hands-on-Mentalität, eine ganz wichtige Eigenschaft. Das bedeutet, Dinge tatsächlich auch in die Umsetzung zu bekommen. Und nicht zuletzt die Fähigkeit, rasch hinzuzulernen sowie die Offenheit für eine veränderte eigene Handlungsweise. Damit verlässt man nicht die Strategie, jedenfalls nicht direkt oder hektisch, aber man muss harte Entscheidungen treffen können und auch die Richtung komplett ändern können, wenn es erforderlich ist. Das haben wir selbst erfahren.

CL: Man sagt, wenn eine neue Idee entsteht, gibt es nicht allein die eine Person, sondern man muss davon ausgehen, dass es diese Idee parallel vielfach gibt und parallele Teams an der Idee arbeiten. Es stellt sich mithin die Frage, welche und wieviele Teams sich durchsetzen. Meiner Ansicht nach wird die Relevanz einer Idee für den Erfolg häufig überbewertet, von Ausnahmen einer Groundbreaking-Idee abgesehen. Für eine Innovation, selbst wenn sie Grundsätzliches verändern wird, genügt es nicht, ein Patent zu besitzen. Man muss ebenso in der Lage sein, diese umzusetzen. Und an diesem Punkt kommt die Ambition ins Spiel. Es gibt nicht die Ambition als solches, vielmehr gibt es verschiedene Arten von Ambition. Eine, auch wenn es merkwürdig klingen mag, ist es, reich werden zu wollen. Das bedeutet implizit ja zugleich, dass man massiv Werte schafft. Des Weiteren braucht es Aggressivität, dieses Sich-durchsetzen-wollen. Und, wie Philipp es sagte, Bereitschaft für Schmerz. Man muss geradezu ‚Bock' dazu haben. Neudeutsch nennt man es auch Resilienz. Wir haben es ja ständig mit sich ändernden Situationen zu tun: Marktsituationen, Kundensituationen und makroökonomischen Themen, und das zumeist plötzlich und unerwartet. Ich bin überzeugt, dass man Veränderungen sehr mögen, sich sogar darin und damit wohlfühlen muss. Wohlfühlen im herkömmlichen Sinn und verbunden mit Harmonie hingegen darf keinen Wert per se darstellen. Im Gegenteil, das kompetitive Moment immer im Blick, sucht man nach dem Vorteil, der sich aus veränderten Situationen ziehen lässt und reagiert entsprechend. Kurzum, man interpretiert Veränderungen positiv.

Persönlich stimme ich Ihnen zu, aus meiner Erfahrung als Hochschullehrer widerspricht diese Einstellung dem Zeitgeist. Ich erlebe ein hohes Maß an Sicherheitsbedürfnis, Kontrolle, also das Gegenteil von Schmerz, Mut, Risiko und Abenteuerlust. Nun gibt es sicherlich Unterschiede zwischen den Geistes- und den Technik- oder Naturwissenschaften. Dennoch, es ist eine Generation, die nicht darauf vorbereitet ist, nicht dafür prädestiniert erscheint. Was bedarf es denn, um diese Eigenschaften zu wecken? Braucht es Vorbilder oder die „Konfrontation" mit Deep Tech-Gründern, die ja aus dem universitären Kontext kommen und von der Academia geprägt sind?

PH: Man braucht Vorbilder und Verbündete. Man muss Vorbilder erleben, die etwas selbst schon einmal getan haben und deswegen daran glauben, dass etwas auch möglich ist. Es geht weniger darum, sich etwas Konkretes abzuschauen, sondern eher darum zu erfahren, dass etwas tatsächlich funktionieren kann. Den grundsätzlichen Glauben an ein Ziel zu sehen und vielleicht auch das Verständnis für eine existente signifikante Richtung. Und man braucht Verbündete, weil Gründer zunächst erst einmal nur auf Hindernisse stoßen in ihrem Umfeld, ich nenne es ein Mentalitätshindernis. Mit einer guten Erfindung, aber fehlendem Know-how in Sachen IP oder der Ansprache von Investoren oder Unternehmenskunden. Aus meiner Sicht heißt das, diesen Menschen Chancen zu geben. Die Gründer und Gründerinnen, die beispielsweise aus dem universitären Umfeld zu uns kommen, beginnen bei diesen Fragen viel zu häufig bei nahe Null. Die Chance, es nachzuholen, bekommen sie in dieser schwierigen Phase eben nur von Verbündeten. Entweder von Investoren, die sich bereitfinden, oder von Organisationen, wie wir sie bauen, die genau diese Brücke bilden. Die sich als Verbündete verstehen, Türen öffnen können zu relevanten Stakeholdern, Kunden, Investoren, ohne die die eigene Idee nicht umzusetzen ist. Allein der Aufwand, sich notwendiges Know-how und Netzwerke selbst zu erarbeiten, ist für den Einzelnen extrem hoch. Die effektive Einbindung von Vorbildern und Verbündeten aus der Praxis wird im Hochschulsystem in den USA im Übrigen fundamental anders und damit deutlich wirkungsvoller umgesetzt als hierzulande – in diesem Punkt könnte man sich einiges abschauen. Über die systemischen Unterschiede an deutschen und US-amerikanischen Hochschulen und die Auswirkungen sprechen die Interviewpartner in diesem Band ja wiederholt.

CL: Zwei Aspekte will ich ergänzen. An den Hochschulen liegt ein Schwerpunkt auf der Forschung. Ziel ist es, qualitativ hochwertige Ergebnisse zu erzielen. Im Hinblick aufs Gründen braucht es darüber hinaus einen Impuls, ein Wissen um den Markt. Der Prozess, um ein Produkt in den Markt zu bringen, wird vielfach unterschätzt. Kein Produkt, und sei es noch so gut, verkauft sich von allein. Man muss Überlegungen anstellen, ob es auch in die reale Welt passt, Anwendungsfelder kreieren, prüfen, dass es nicht nur theoretisch, sondern auch in der Praxis das beste Produkt ist. Dazu muss es möglicherweise anders designt werden. Diese Erfahrung geschieht im Markt oder im Reallabor, wie wir es nennen. Und der zweite Aspekt: das Gründen kann man nicht allein akademisch lernen, es ist nicht möglich. In einem Gespräch merkt man in zehntel Sekunden, ob das Wissen angelesen ist oder sich aus der eigenen Erfahrung speist. Das ist etwas, was ich anfangs nicht wusste: dass man diese Erfahrung in sich „speichert", ein Gespür entwickelt, und es dann glaubhaft vermitteln kann. Und mit Sicherheit spielt mit hinein, dass neben den positiven Erfahrungen, der „Super-Attitüde" in der Außendarstellung insbesondere die Erfahrungen unter der Oberfläche Teil der eigenen Persönlichkeit werden. Der Schmerz gehört dazu. Gründen ist eben auch mit Sorge, Misserfolgen oder Geldmangel verbunden. Dies der neuen Gründergeneration mitgeben zu können, ist wahnsinnig viel wert.

Was erkennt man in dieser zehntel Sekunde? Der mehrfach erwähnte Schmerz, der buchstäblich im Gesicht steht, kann es nicht sein, oder?

CL: Es gibt ein schönes englisches Wort, das mir dazu einfällt: „Judgement", „Urteilsvermögen". Als Gründer erlebt man sehr viele unterschiedlichste Situationen. Über Judgement zu verfügen, bedeutet, sofort eine Idee zu haben, einschätzen zu können, ist etwas gut oder schlecht, falsch oder richtig, muss ich in einer Situation etwas tun oder nicht, kann etwas gelingen oder eben auch nicht? Ein Problem, wenn es denn auftritt, nicht einfach nur abzuarbeiten oder abzuschichten, sondern relativ crisp damit umzugehen. Es ist die Erfahrung, die Kompetenz, eine Struktur zu verstehen, schnell den Kern eines Sachverhalts zu erkennen.

Eines der Leadership Principles von Amazon-Gründer Jeff Bezos lautet „Just do what is right". Es kommt also nicht darauf an, ob etwas auf dem Excel Sheet Sinn macht, sondern es kommt auf das Judgement an.

CL: Ja, das wäre eine andere Beschreibung ein und derselben Haltung, dieser extrem pragmatische Ansatz ohne Vorbehalte.

Wir sind an einem wirklichen „Knackpunkt" angelangt. Im Feuilleton der FAZ erschien kürzlich „Thiel am Ziel", ein Beitrag über Peter Thiel und seine geradezu manische Aversion gegen Bildungsinstitutionen. Für ihn steht fest, dass man diesen Drang und die Fähigkeit zu gründen in sich trägt, dass man es wie maschinelles Lernen gewissermaßen operativ umsetzen kann. Dass humanoide Robots den Gründungsakt erfolgreich vollziehen und dann implementieren. Bildung stört dabei nur, und vor allem stören die bestehenden Institutionen. Deshalb hat er viel Geld investiert, um ein eigenes Fellowship-Programm zu etablieren. Nun sind wir in Deutschland in einem ausgeprägten Bildungsland. Welche Rolle spielen Bildung und Persönlichkeitsentwicklung konkret in unserem gesellschaftlichen Umfeld, das sich von der kalifornischen Ideologie des Silicon Valley signifikant unterscheidet? Denn Sie bewegen sich ja in hiesigen Kontexten. Und was bedeutet das im Hinblick auf das Reallabor?

CL: Ich weiß nicht recht, wie ich angemessen reagieren soll, weil: Peter Thiel hat natürlich recht, seiner Auffassung kann ich eine Menge abgewinnen. In Deutschland gibt es in der Historie erfolgreiche Mittelständler, die es nicht auf einer Universität gelernt haben. Gründen als Fach, das ist ein weites Feld, über dass sich lange trefflich diskutieren lässt. Meine persönliche Zu- oder Abneigung spielt keine Rolle, aber nach meiner Einschätzung gilt es, zwei Aspekte zu berücksichtigen. Einer betrifft den Gründer, die Gründerin selbst. Es kann schon funktionieren, anstatt auf eine Universität, besser auf eine Gründerschule zu gehen und dort Entrepreneurship zu lernen. Akademisch-theoretische Fähigkeiten spielen keine Rolle. Das ist dann die One-Man-Bulldozer-Show. An seine Grenzen stößt dieses Modell in dem Moment, wenn es um das Gründen, um Führung von Teams geht, wenn man mit Menschen für Menschen eine Organisation bauen will, die funktioniert. Dann, glaube ich, benötigt man ein weiteres Spektrum.

Damit sind wir beim Thema Persönlichkeitsbildung. Wir müssen, um es klarzustellen, zwei Ebenen unterscheiden: Universitäten sind für Bildung da, nicht für Ausbildung. Fachhochschulen sind schon deutlich näher dran an Ausbildung. Und dann gibt es Hands-on-Gründerschulen, „How to do", ohne den akademisch-theoretischen Gesamtzusammenhang. Aber jetzt nochmal umgekehrt gefragt. Sie bewegen sich im Deep Tech-Bereich, der mit Verantwortung, mit Qualität zu tun hat. Und in der Folge auch mit Führung und einer bestimmten Form der Persönlichkeitsbildung. In diesem Punkt versagen meines Erachtens die Universitäten, weil sie das nur als Bildung begreifen, aber nicht die Persönlichkeit miteinbeziehen. Was für einen Typus Gründer, auf die Zukunft bezogen, würden Sie sich denn wünschen?

CL: Wir kommen aus einem breiteren Kontext. Wir verfügen über sehr gute Forschung, aber nicht über adäquate Transferergebnisse, obwohl die Forschungsergebnisse ja das

Fundament bilden. Es fehlen die Menschen, die aus den Forschungsergebnissen Unternehmerisches in Deutschland und auch für Europa kreieren. Wir müssen in diesem Feld eine Kompetenz entwickeln, Spitzenforschung, Spitzentechnologie und Spitzenunternehmen kreieren, die folgend auch Weltmarktführer in ihrem Bereich werden. Die jüngste globale Entwicklung zeigt auf unmissverständliche Art diese Notwendigkeit. Das ist zunächst ein hehres Ziel, das man selbstredend unterstützen kann. Wenn wir es nicht tun, ist die Wahrscheinlichkeit, dass es funktioniert, eben geringer. Also, wir wollen die Wahrscheinlichkeit erhöhen, dass, aus der Hochschulforschung heraus, aus der Spitzentechnologie auch Spitzenunternehmen werden. Und noch einmal, Deutschland bringt dieses ingenieurwissenschaftliche und technische Können mit.

Wenn wir von Mentalität sprechen, ist es ja eher so, dass sie sich ein wenig entwickeln lässt, so dass sie derjenigen in der Industrie ganz nahekommt. Wir können die Kräfte bündeln und dann vor allem in die Hochschule hineinwirken, weil dort der akademische Schatz liegt, die Forschung, und weil dort die jungen Leute sind. Dazu bedarf es aber einer Struktur, eines klar konzipierten curricularen Programms, einer Aufbauarbeit, eines Trainingsplatzes. Forschung ist das eine, den Weg in eine erfolgreiche unternehmerische Praxis zu bahnen, das dafür notwendige entrepreneuriale „Rüstzeug" anzutrainieren und damit wettbewerbsfähig zu machen, ist das andere.

Es gibt viele Wege, nicht jeder kann zum Erfolg führen. Ich sage jedem, wenn man gründet und scheitert, hat man so viel mitgenommen, weil man dieses Feeling entwickelt hat. Für einen persönlich ist es ein Scheitern, aber man kann auch Gewinnbringendes daraus beziehen. Es gewagt zu haben, man ist dann im „Club" gewissermaßen angekommen, hat verstanden, was es bedeutet zu gründen. Wenn man mit Leuten spricht, die gescheitert sind, so sind sie sehr klar, sagen sehr präzise, was sie heute anders machen würden. Sie haben dieses Judgement entwickelt. Das ist die Aufgabe, und dazu braucht es alle: die Hochschulen, die unterstützen, die Unternehmen, die bereit sind, Dinge auszuprobieren. Denn wir sprechen eben nicht über eCommerce, wo etwas verkauft, Werbung gemacht, es irgendwie an Endkunden verkauft wird. Wir haben es mit etwas sehr Komplexem zu tun, und darum muss man etwas ausprobieren können. Hierfür bedarf es eben von allen Seiten Mut und Risikobereitschaft.

Ich will noch einmal auf den Begriff Judgement zurückkommen. Ein Zentralbegriff der europäischen Aufklärung ist Urteilskraft. Das ist die Grundlage von mündigen, selbst denkenden, emanzipierten Individuen. Sie beide haben diese Urteilskraft aufgrund ihres Erfahrungswissens. Zum Abschluss also die Frage, in welcher Weise Sie von dieser Urteils-

kraft Gebrauch machen bei der Förderung der jungen Gründergeneration, wie Sie ganz praktisch dieses Vermögen zur Urteilskraft entwickeln würden?

PH: Also aus meiner Sicht ist es vollkommen klar: durch Exposure und reale Situationen, also ab einem frühen Zeitpunkt Menschen mit Judgement treffen, bei ihnen sich die Urteilskraft, ich nenne es mal, borgen, Reflexion zu den eigenen Ideen erhalten. Und durch Projekte, die man sehr früh schon realisiert, in denen die Urteilskraft trainiert und in Realsituationen angewendet werden kann. Das bedeutet konkret, parallel zum Studium, wo sich die theoretische Urteilskraft herausbildet, tatsächlich im praktischen Projekt-Doing diese spezifische Urteilskraft zu entwickeln. Das schließt für mich auch Case basierte Themen, wie in den USA sehr üblich, ein.

CL: In der Folge, nach dem Gründen, braucht es die Einsicht und Überzeugung, dass man immer weiter Erfahrungen sammeln will und muss. Es handelt sich bei der Neugründung gewissermaßen um einen ‚Rohdiamanten'. Wir sehen die Fähigkeiten, bewerten und ordnen sie ein. Wir glauben daran, dass der Gründer, die Gründerin auch den weiteren Weg gehen kann, die eigenen Fähigkeiten weiter ausbauen kann. Oder diese Person bringt die notwendigen Fähigkeiten nicht mit, und wir werden diese auch nicht so ausprägen können, wie es nötig ist. Dann würden wir entscheiden, ob in einem Team die Fähigkeiten zum Tragen kommen. Die Wahrscheinlichkeit, dass eine Person alle Fähigkeiten besitzt, die fürs Gründen erforderlich sind, ist erfahrungsgemäß nicht sehr groß. Es ist also immer auch eine Aufgabe zu schauen, so wie wir es ja selbst beim Gründen erfahren haben, wer welche Rolle einnimmt, wer sich worauf spezialisiert. Kurzum, die Frage nach dem perfekten Gründerteam, in dem alle erforderlichen Kompetenzen beisammen sind, schlüssig und tragfähig zu beantworten.

Das Interview führten Dr. Gunnar Bender und Prof. Dr. Klaus Siebenhaar.

Der Mensch in der Mitte: der Akzelerator „Bryck"

Sie sind omnipräsent, wo immer es um Start-ups geht: Gründerzentren, Inkubatoren, Akzeleratoren, Hubs. Sie legen sich gern auch schillernde Namen zu, denn metaphorisch aufgeladen, lassen sich Alleinstellungsmerkmal und Besonderheiten wirkungsvoller hervorheben. Am Ende dienen sie alle nur einem Zweck: eine verlockende, gute (Geschäfts-) Idee zu einem erfolgreichen Unternehmen, möglichst einem Einhorn werden zu lassen. Der Weg ist das Ziel; Rat, Hilfestellung und tätige Unterstützung sind die alle verbindende Mission – allein die methodische, curriculare Praxis bleibt hinter den Begrifflichkeiten oft verborgen, oberflächlich-allgemein oder auch ein wohlgehütetes Geheimnis. Verallgemeinernd lässt sich festhalten, dass alle versuchen, Theorie-, Handlungs- und Erfahrungswissen produktiv und punktgenau zu verknüpfen. Gleichzeitig stehen die unterstützenden Organisationen für die wesentlichen Entwicklungsschritte eines Start-ups, und bei allen geht es um Netzwerke, Kommunikation und unternehmerische Sozialisation.

Vor diesem Hintergrund wollen wir am Beispiel von „Bryck" einen konkreten Blick hinter die Kulissen vornehmen, die Karten auf den Tisch legen und unser Modell eines Akzelerators zur Diskussion stellen. Dazu gehören auch Stimmen aus der Gründerszene, die rückblickend ihr ‚Erfahrungswissen' vermitteln. Wir wollen, mit tatkräftiger Unterstützung von Tobias Grün, Mitglied der Geschäftsleitung, die wesentlichen konzeptionellen Grundlagen und Bausteine darstellen – kurzum: zeigen, was wir machen und wie wir es machen.

„Abstract"

Seit 2021 betreiben wir unser Akzelerator-Programm, das ausgewählte Start-ups auf ihrem Weg zum Markteintritt begleitet und in sie investiert. Bevor wir einsteigen, lassen wir zunächst eine Gründerin zu Wort kommen, die ihre Erfahrung mit unserem Programm umfassend schildert, also eine Art Abstract unserer Arbeit liefert:

> Als Laura Kohler mich damals anrief und vom Bryck-Programm erzählte und meinte, es sei ‚founder tailored', dachte ich zunächst: Ja, das sagen alle. Als sie je-

doch in die Tiefe ging und mir das Konzept vorstellte, wurde ich neugierig und bewarb mich. Und es wurde genau das, was Laura angekündigt hatte: extrem ‚founder tailored'.

Es begann damit, dass wir unsere eigenen Herausforderungen definieren und das Mentoring in der Weise nutzen konnten, wie wir es brauchten. Für mich bedeutete das, statt eines Mentors schließlich zwei Mentorinnen und einen Mentor zu haben, was hervorragend war, weil sie uns genau bei den verschiedenen spezifischen Fragen unterstützten, die uns zu diesem Zeitpunkt beschäftigten. Hinzukam das hervorragende VC-Netzwerk, das uns sowohl als Sparringspartner („friendly VCs") als auch als potentielle Investoren zur Verfügung stand. Und als i-Tüpfelchen investierte die RAG-Stiftung bzw. Bryck in uns.

Wir bewegen uns mit der Verwertung nasser Biomasse wie z. B. Klärschlamm an Kläranlagen in einem Nischenmarkt. Das führt dazu, dass es im Rahmen von vorformulierten Programmen sehr schwierig ist, ein kompetentes Mentoring zu finden, das sich mit nasser Biomasse oder Klärschlamm auskennt. Der krasse Mehrwert von Bryck: Durch euren hoch individuellen Ansatz konnten wir gemeinsam mit euch die für uns passenden Mentoren finden. Dank euch haben wir eine ehemalige Betriebsleiterin einer Kläranlage als Mentorin gewonnen, mit der wir bis heute im Kontakt stehen. Außerdem einen Ingenieur, der später Geschäftsführer eines Unternehmens mit ähnlicher Technologie war, allerdings in einem größeren Maßstab. Wir arbeiten eher lokal, containerbasiert und im kleinskaligen Maßstab, er kam aus der Old-Industry-Klärschlammverwertung. Dieser Mentor ist bis heute nicht nur Advisor, sondern auch Kollege, der uns als Senior Technology Advisor regelmäßig unterstützt. Durch euch konnten wir ihn überhaupt erst an uns binden und ihn halten – ein großer Gewinn. Wir durften noch eine dritte Mentorin kennenlernen, eine Chemikerin mit eigenem Start-up, das als NGO im Wasserbereich organisiert ist. Diese drei komplett unterschiedlichen Personen, die alle genau die Kompetenzen mitbrachten, um unsere damaligen KPIs zu erreichen, waren perfekt für uns und in dieser Kombination einmalig.

Viele Programme finden zwar großartige Teams und unterstützen tolle Ideen, scheitern aber oft an den Freiheitsgraden, wirklich zu investieren. Das unterscheidet euch völlig. Selbst wenn andere Programme die Möglichkeit hätten, wagen sie es häufig nicht, tatsächlich zu investieren. Für uns ist es eine enorme Bereicherung, nicht nur euch als Team und euer Netzwerk im Rücken zu haben, sondern auch die RAG-Stiftung, die uns bei Themen wie Banking, Financing, Special Purpose Vehicles und anderen relevanten Fragen begleiten kann. Das hat uns in der Vorbereitung und Anbahnung von Investorengesprächen – auch direkt mit euch – stark vorangebracht und letztlich zum Investment in unserer Pre-Seed-Runde geführt.

Dank eures Programms konnten wir die RAG-Stiftung als Investor gewinnen – und damit auch euch. Ihr wart die Brücke zwischen einem starken Partner und einem innovativen Start-up. Während der Prozess für uns der bisher längste war, ging er für die RAG-Stiftung außergewöhnlich schnell. Unterschiedliche Welten trafen aufeinander – mit Erfolg. Wir freuen uns sehr darauf, die RAG-Stiftung auch in Zukunft als Partner und Gesellschafter an Bord zu haben, zum Beispiel in Bezug auf Leasing-Partnerschaften. Danke, dass ihr unsere Brücke wart und seid.
Nina Heine, CEO Shit2Power

Just another Start-up-Akzelerator?

Das ungeschriebene Gesetz der Immobilienbranche lautet bekanntlich „Lage, Lage, Lage“: das Destillat einer Erfolgsstrategie, die sich entwickelt hat, seit die Menschheit begann, Gebäude als Kapitalanlage zu betrachten. Wenn man genauer hinschaut, ist es dann natürlich doch nicht ganz so einfach, aber im Kern geht an der Lage nun mal nichts vorbei.

Unsere Erfolgsstrategie für die Wachstumsbeschleunigung, die sogenannte Akzeleration, von Frühphasen-Start-ups ist am Ende ebenso einfach wie nicht so einfach: „Personen, Personen, Personen“. Ähnlich wie in der Immobilienbranche gibt es zu Akzeleration und Frühphase-Investition in Start-ups sehr qualifizierte Forschungen, Theorien, Abhandlungen und Studiengänge. Ausführungen dazu würden den Rahmen dieses Beitrags jedoch überschreiten. Ohne das zuvor Genannte außer Acht zu lassen, beschreiben wir, was letztlich, wenn wir alles nach Lehrbuch richtig gemacht haben, unser Programm so erfolgreich macht: Die Personen, die wir in unserem Akzelerator zusammenbringen. Dafür schauen wir hinter die abstrakten Bezeichnungen der juristischen Personen wie Start-up, Corporate, Venture Capital Fonds oder Akzelerator sowie deren Rollen, die sie in der Frühphase der Entwicklung eines Start-ups spielen und konzentrieren uns auf die natürlichen Personen, auf die Gründer, Industrieexperten, Investmentmanager und Mentoren.

In unserem Akzelerator-Programm betreuen wir Frühphasen-Start-ups aus dem B2B-Tech-Bereich in Branchen wie Energie, Gesundheit oder Wassermanagement. Jedes Programm besteht aus zwei sogenannten Batches pro Jahr, die die folgenden Phasen durchlaufen:

- Screening & Selection Panel (Jury), in dem wir den Fokus auf Team, Idee und Vision legen und Gründer zur Teilnahme auswählen

- Business Akzelerator, in dem wir den Fokus auf Technologie/Produkt und Geschäftsmodell legen und Gründern kompakt relevantes und qualitatives Experten-Feedback geben

- Pilot Akzelerator, in dem wir den Fokus auf Product-Market-Fit und Traktion (Absatz bei Kunden) z. B. in Form von Pilotprojekten, Kooperations-Partnerschaften oder -Absichtserklärungen legen und Gründer sehr intensiv mit Industrieexperten und Mentoren zusammenarbeiten

- Investment Akzelerator, in dem wir den Fokus auf die Vorbereitung einer ersten Seed-Finanzierungsrunde legen und ausgewählten Gründern ein eigenes Pre-Seed Investment zur Erreichung dieser anbieten

Zur optimalen Allokation unserer Ressourcen haben wir uns dafür entschieden, dass wir pro Batch nur verhältnismäßig wenige Start-ups unterstützen. Um es in Zahlen auszudrücken: In jedem Akzelerator-Programm sieht und bewertet das Selection Panel (Jury) pro Jahr nach dem Screening aller Bewerbungen 40 Pitches von Gründerinnen und Gründern, von denen 20 zum Business Akzelerator eingeladen werden und es wiederum zehn in den Pilot Akzelerator schaffen. Nach diesem erhalten etwa drei Teams im Investment Akzelerator eine Finanzierung von uns. Bei vier parallel laufenden, vertikalen Akzelerator-Programmen platzieren wir so durchschnittlich 10–15 Investments pro Jahr. Folglich sind unsere Erfolgskennzahlen auch am Ergebnis orientiert: Anzahl eigener Pre-Seed Investments und in einer dem Programm folgenden Seed Investment-Runde aufgenommenes Kapital sowie die Bewertung des Start-ups.

Entlang der Programmbausteine werden wir in der Folge erläutern, warum wir uns für unsere Vorgehensweise entschieden haben und welche Erfahrungen wir damit machen.

Warum wir uns für unsere Vorgehensweise entschieden haben und welche Erfahrungen wir damit machen

Screening & Selection Panel

Wir bauen unseren Bewerbungs-Funnel neben einer europaweiten Ausschreibung in öffentlichen und relevanten geschlossenen Netzwerken und Communitys im Wesentlichen auf persönlichen Empfehlungen auf, um dem „Adverse Selection Bias“ entgegenzuwirken. Dazu unterhalten wir ein Netzwerk von Inkubatoren, (Angel-) Investoren und Multiplikatoren, die wir regelmäßig darum bitten, Gründer für eine Bewerbung zu nominieren. Zudem identifizieren wir potentielle Teilnehmer auf relevanten Veranstaltungen wie Messen und Pitch-Events. Hinzukommt eine Vielzahl an Initiativbewerbungen, so dass wir einen guten Überblick über aussichtsreiche Kandidaten erhalten. Danach gefragt, woher sie von unserem Akzelerator erfahren habe, gab eine Gründerin aus Kanada an, dass ein relevanter Blogger dort in seinem Start-up-Newsletter unser Programm als „Go-To“ in Europa empfiehlt. Das war aufschlussreich für uns, da wir zu diesem Zeitpunkt noch keinen direkten Kontakt zu diesem Blogger hatten, ihn anschließend aber aktiv ausgebaut haben.

Bereits beim Screening zeigt sich: Die von uns involvierten Personen sind ein Erfolgsfaktor. Sie entscheiden selbst, ob sie ein Start-up empfehlen oder nicht. Wir setzen darauf, dass eine Empfehlung von den meisten Beteiligten nicht leichtfertig ausgesprochen wird, da ein Misserfolg auf sie zurückfallen könnte. Unser Erfolgsgeheimnis ist also, die richtigen Personen auszuwählen und einzubinden, um einen qualitativ hochwertigen Dealflow sicherzustellen.

Die Gründer müssen mit der Präsentation ihrer Idee und Vision ein Selection Panel (Jury), eine Zusammensetzung aus Industrieexperten, Investmentmanagern und Mentoren überzeugen. Beispielsweise haben wir in unserem Energy Tech Accelerator Programm das Selection Panel – mit den Aufgaben Screening von Bewerbungen, Vorauswahl zum Pitch und finale Auswahl nach dem Pitch – wie folgt besetzt:

- fünf erfahrene Business Mentoren mit eigenen Gründungserfahrungen und einem sehr guten Netzwerk in und Überblick über die Start-up-Szene
- fünf erfahrene Industrieexperten aus relevanten Corporate-Funktionen wie Innovationsmanagement, Strategieabteilung, Entwicklungsabteilung oder mit Produkt- bzw. Marktverantwortung, die eine hohe Kenntnis über den Energiemarkt einbringen
- fünf erfahrene Investmentmanager oder Partner aus relevanten Energy oder Clean Tech Venture Capital Fonds mit sehr gutem Marktüberblick und -einblick

Zur Aufnahme in unser Programm müssen ein paar ‚harte' Kriterien erfüllt sein: Ein Unternehmen muss gegründet, ein Produkt zumindest als Prototyp existieren (Minimal Viable Product) und eine Hypothese zum Product-Market-Fit und Geschäftsmodell erfolgversprechend sein. Ist das gegeben, entscheiden wir nach dem Gründerteam und ihrer Vision sowie danach, welchen Beitrag unsere Industrieexperten und Mentoren im Akzelerator-Programm leisten können.

Unsere Zusammensetzung einer erstklassigen Jury um Personen aus unserem Netzwerk bestimmt den Erfolg unsere Auswahl. Damit geben wir zwar einen Teil der Steuerung unseres Programms aus der Hand, konnten aber zeigen, dass wir auf diese Weise zu den besseren Auswahlentscheidungen kommen. So bewerteten z. B. in einem Selection Panel Mentoren und Industrieexperten einen Gründer nur mittelmäßig, während alle Investoren auf die Aufnahme ins Programm drängten. In der Diskussion zeigte sich, dass diese einen Markttrend erkannt hatten, der noch nicht von allen wahrgenommen wurde. Inzwischen ist der Markttrend offensichtlich, Großbatteriespeicher haben ein Rekordwachstumsjahr hinter sich und wir betreuen immer mehr Gründer aus diesem Bereich.

> Durch unsere Kooperation zwischen Bryck und dem Expertennetzwerk e-Combinator stehen in dem Programm ein breites Spektrum von sehr passgenauen Experten und Business Angels zur Verfügung. Durch die enge Begleitung und vertragliche Bindung durch Bryck wird darüber hinaus sowohl die Verfügbarkeit als auch eine qualitativ hochwertige Unterstützungsleistung sichergestellt. In der Kombination ist das aus meiner Sicht einmalig.
> In den Selection Panel der Akzelerator-Programme bewerten unsere Experten die Pitches der Gründer, woraus bereits mehr als 25 intensive Mentorenschaften entstanden sind. Wir freuen uns, dass daraus auch regelmäßig Business Angel Investments entstehen und wir die Entwicklung der Teams weiterverfolgen und begleiten können.
> *Sebastian Hopp, Mitgründer e-Combinator*

> Was für mich das Programm auszeichnet, ist es, kluge Köpfe, die das Gesundheitswesen besser machen wollen, mit Branchenexpertise zusammenzubringen. So entsteht tailor-made ein ganz besonderes Programm, welches das Gesundheitswesen als System und einzelne Lösungen im Besonderen herausbringt und einen Impact schafft. Bei dem Programm geht es nicht nur um Technologie, sondern vor allem menschenzentriert um den Nutzen für die Gesellschaft. Und da drumherum bauen sich alles andere wie Netzwerke und Investments auf.
> *Prof. Dr. David Matusiewicz, Professor für Medizinmanagement an der FOM Hochschule und Co-Founder & Gesellschafter 10xD*

Business Akzelerator

Im Business Akzelerator arbeiten wir im Wesentlichen an den Annahmen, die Gründer in ihrem Geschäftsmodell über die Leistungsfähigkeit ihrer Technologie sowie deren Verwendung beim Kunden treffen, den sogenannten Problem Solution Fit. Dazu bringen wir sie in mehreren Arbeitssessions mit erfahrenen Industrieexperten und Business Mentoren zusammen, die sich die Annahmen genau ansehen und ihre Erfahrungen und Lösungsansätze mit den Gründern spiegeln. Natürlich vertrauen wir darauf, dass Gründer die Entwicklung ihrer technologisch innovativen Produkte beherrschen, jedoch zeigt sich gerade bei Erstgründern, dass ihre Annahmen an ihre potentiellen Kunden in der Regel deutlich unausgereifter sind. Regelmäßig besprochene Themen wie Zahlungs- bzw. Investitionsbereitschaft, alternative Lösungsoptionen, organisatorische und regulatorische Anforderungen oder technische Integrationsfähigkeit tragen in gleichem Maße zur Erfolgswahrscheinlichkeit des Geschäftsmodells bei wie die Lösung selbst. So fehlte einem jungen Gründerteam mit der Idee, ihre Technologie zu nutzen, um die Verteilung und Vermarktung von Strom zu optimieren, Wissen über die Energiemarktregulierung sowie Erfahrung mit verschiedenen Handelsmodellen. Fragestellungen, die wir im Business Akzelerator in wenigen Wochen bearbeiten konnten. Um, wie z. B. in diesem Fall, eine steile Lernkurve im Programm bieten zu können, setzen wir auf individuelle, bilaterale und vor allem vertrauliche Gespräche zwischen den Gründern und den Experten. Zudem kommen die Gründer regelmäßig zu Peer-to-Peer-Sessions zusammen, in denen sie – professionell moderiert – ihre Erkenntnisse und Fortschritte miteinander teilen und reflektieren. Dadurch erreichen wir, dass die Gründer sich genau mit den Themen beschäftigen, die ihnen selbst den größten Mehrwert bzw. Erkenntnisgewinn bieten, und suchen die teilnehmenden Personen zielgerichtet nach deren Expertise aus. Persönliche Motivation ist für Experten der Schlüssel zum Erfolg. Wir vermitteln sehr deutlich, dass das Coaching eines Start-ups kein Hobby ist, indem wir es a) vergüten, b) während der regulären Arbeitszeiten durchführen und c) regelmäßig mit den Coaches bewerten und reflektieren. Dadurch erreichen wir eine hohe Identifikation der Experten mit dem Programm und eine sehr intensive und vertrauensvolle Zusammenarbeit mit den Gründern.

Ein weiterer Erfolgsfaktor unseres Business Akzelerators ist der aktiv von uns moderierte Zugang der Gründer zu unserem großen Netzwerk aus Industrieexperten, Business Mentoren und Investmentmanagern. Wir motivieren Gründer dazu, dieses Netzwerk nicht nur aktiv zu nutzen, sondern es sich zu eigen zu machen, relevante Kontakte zu pflegen und weit über unser Programm hinaus davon zu profitieren. Eines der besten Beispiele dafür war eine Gründerin, die mit Anfang 20 und kaum Industrieerfahrung unser Netzwerk perfekt für sich nutzte. Noch heute tauscht sie sich regelmäßig mit einem Industrieexperten – dem Geschäftsführer eines Marktbegleiters – über ihr Geschäftsmodell und seine Sicht auf den Markt aus und hat eine Business Mentorin, selbst eine erfolgreiche Gründerin, in ihr Advisory Board aufgenommen.

Es ist für uns nicht leicht, den Impact dieses Programmbausteins zu messen bzw. zu bewerten, da dieser häufig erst später, in der folgenden und von uns unabhängigen weiteren Zusammenarbeit zwischen Gründern und den von uns vermittelten Personen entsteht. Wir sind jedoch absolut davon überzeugt, dass nachhaltig geknüpfte Netzwerkkontakte zwar kaum öffentlichkeitswirksam vermarktbar sind, dafür hingegen dazu führen, dass belastbarere Ergebnisse erzielt werden. Damit sind wir nur dann erfolgreich, wenn wir einerseits eine für die Gründer sichtbare, teilweise öffentliche Darstellung unserer Netzwerkkontakte und Coaches anbieten, um die Attraktivität des Programms deutlich zu machen. Und andererseits der individuellen Zusammenarbeit einen geschützten, nicht öffentlichen Raum für einen offenen und vertrauensvollen Austausch geben.

> Individuell, persönlich und inspirierend – das Bryck-Team hat uns mit seinem gezielten Zugang zu Branchenexperten, Mentoren und Investoren, der weit über das Übliche hinausgeht, sehr geholfen. Durch das vielseitige Netzwerk auf diversen Leitmessen und den offenen Austausch mit unserem Mentor konnten wir wertvolle Markt-Insights gewinnen, unser Geschäftsmodell reflektieren und unsere Finanzierungsstrategie schärfen.
> *Rafail Kasapis, Gründer & CEO Apollo Green Solutions*

> Das Bryck Programm liefert einen Dreiklang aus innovativen Start-up-Lösungen, Investments sowie Experten- und Kundenperspektiven und erzeugt damit einen großen Impact um die „Wirtschaft neu zu denken". Ein B2B-Sales Coaching im direkten Bezug zum Produkt Market Fit und Freude, neue Wege zu beschreiben sind erste Schritte für einen erfolgreichen Marktangang. Bryck liefert damit einen wesentlichen Beitrag zur Start-up-Nation Germany.
> *Frank Barz, Senior Partnermanager Telekom TechBoost*

Pilot Akzelerator

Zum Start der weiteren Zusammenarbeit benennen die Gründer Ziele, die sie durch die Teilnahme an unserem Pilot Akzelerator erreichen möchten, woraufhin wir dediziert ein Team aus je einem Industrieexperten und Business Mentor zusammenstellen, das gemeinsam mit den Gründern an der Erreichung ihrer Ziele arbeiten. Auf diese Weise haben wir in den vergangenen Jahren über 100 Start-ups betreut. Und es hat sich gezeigt, dass diese Ziele in der Regel darin bestehen, eine Pre-Seed-Finanzierung vorzubereiten und in der Gewinnung erster Pilotkunden/Pilotanwendungen zur Validierung der eigenen Annahmen. Seltener genannt, aber durch unser Coaching-Team ebenso regelmäßig identifiziert, ist eine Schärfung der Annahmen der Gründer zum Go-To-Market (Markteintritt) und zum Geschäftsmodell notwendig. Hier hilft vor allem die Erfahrung der Industrieexperten, um den Gründern eine längere Trial-and-Error-Phase zu ersparen.

> Der größte Mehrwert des Bryck-Programms liegt für mich in der starken Vernetzung: Start-ups bleiben nicht unter sich, sondern profitieren vom Zugang zu einem starken Netzwerk mit führenden Industrie- und Energieunternehmen. Aus dem Ökosystem konnten wir unter anderem Schalke 04 und Tengelmann Energie als Kunden gewinnen, um gemeinsam Dekarbonisierungsprojekte voranzutreiben. Dabei spielten auch das Engagement der Mentoren und Experten sowie die Strahlkraft der Marke Bryck eine zentrale Rolle.
> *Johann Böker, Gründer & CEO Greenflash*

Die von uns adressierten Ziele werden nicht überraschen, der Programmaufbau der meisten Akzeleratoren geht darauf ein. Der entscheidende Unterschied besteht darin, dass wir uns bewusst dagegen entschieden haben, diese Ziele durch die Vermittlung standardisierter Lerninhalte bzw. Workshops zu erreichen. Dieses Vorgehen wäre zwar skalierbarer, da wir mit einem Workshop-basierten Ansatz mehr Gründer gleichzeitig erreichen und die Kosten proportional senken könnten. Jedoch würden wir dadurch die direkte Interaktion zwischen Gründern und Coaching-Team verlieren, die es uns ermöglicht sicherzustellen, dass sich die Gründer im Programm weiterentwickeln und ihre Ziele erreichen. Die Relevanz der Erfahrung der Industrieexperten und Business Mentoren für die Gründer ist hierbei von besonderer Bedeutung. Daher suchen wir diese gezielt für jedes Start-up neu aus und schaffen optimale Bedingungen zur Zusammenarbeit.

Wir adressieren mit diesem Programmbaustein eine Phase in der Entwicklung eines Start-ups, die besonders für Geschäftsmodelle, die auf B2B-Technologien basieren, ausgesprochen herausfordernd ist: den Aufbau erster Traktion, das heißt die Realisierung erster Absätze bei Kunden, und die Validierung der eigenen Hypothesen am Markt. Während die dafür herangezogenen Vorgehensweisen aus dem eCommerce-Bereich etwa von 2014 bis 2024 sehr gut dokumentiert und erprobt sind, treffen diese nur sehr selten auf B2B-Technologie-Akzeleratoren zu. Wir unterstützen Gründer zwar dabei, ihre Go-To-Market-Strategie hypothesengetrieben zu erarbeiten, wissen aber, dass sich

Annahmen zu den Bedarfen von Industriekunden in gegebenenfalls regulierten Märkten nicht online durch A/B-Landingpage-Tests validieren lassen. So konnte das Coaching-Team einem Gründer einer digitalen Gesundheitsapp Gespräche mit den entsprechenden Experten bei Krankenkassen vermitteln, um gemeinsam zu erarbeiten, welche Wege für einen Markteintritt den größten Erfolg versprechen.

Wir konnten in den letzten Jahren wiederholt zeigen, dass unser Programm hier eine entscheidende Rolle spielt. Die Zusammenarbeit mit einem Frühphasen-Akzelerator ist für Industrieunternehmen, die kein eigenständiges Venture Clienting Programm (dedizierte Ausschreibung einer Zusammenarbeit mit Start-ups) unterhalten, eine organisationale Herausforderung, da interne Prozesse und Regeln diese nicht vorsehen. Zudem birgt eine solche Kooperation das Risiko, ein technisch noch nicht vollständig ausgereiftes Produkt zu nutzen. An dieser Stelle erzeugt das Vertrauen in unsere Industrieexperten und Mentoren als Moderatoren und Vermittler den größten Mehrwert für das Start-up. Sie bringen ihr eigenes Netzwerk mit ein, öffnen Türen, führen vertrauensvoll Hintergrundgespräche und vermitteln zwischen den Welten. Im Falle einer Gründerin aus Israel waren mehrere Verhandlungsrunden zu einem NDA (Non Disclosure Agreement) notwendig, damit ihre Hardware auf dem Teststand eines deutschen Industrieunternehmens geprüft werden konnte. Beide Seiten wollten nicht zu viel ihres eigenen Wissens preisgeben, konnten aber überzeugt werden, dass die Vorteile einer Zusammenarbeit die Gefahren einer Fremdverwendung dieses Wissens klar übersteigen. Unserer Erfahrung nach überschätzen beide Seiten die Handlungsfähigkeit des jeweils anderen: Das Industrieunternehmen überschätzt die Möglichkeiten des Start-ups, gewonnenes Wissen in ihr Produkt zu integrieren – zumeist fehlt es dafür an Ressourcen –, und Start-ups überschätzen die Möglichkeit des Industrieunternehmens, gewonnenes Wissen in ihr Geschäftsmodell zu integrieren – zumeist fehlt es dafür an Flexibilität.

> Bryck steckt mit seiner Lust, große Dinge anzustoßen, Freude am Machen und unglaublich viele Türen zu Gleichgesinnten zu öffnen, die die Welt jeden Tag ein Stückchen besser machen, einfach mega an!
> Wir haben durch seine Unterstützung das Ruhrgebiet zur Heimat von Green Ocean gemacht und setzen die Entwicklung und Endmontage unserer NextGen-Technologien für die Wasserkreislaufwirtschaft durch das eigene Team am Standort in Bottrop um.
> Das heißt konkret: 40-Fuß-Container mit Pilotanlage für 800L/hr wird in Bottrop durch unser Team gebaut und kann weltweit toxische Abwässer schlammfrei und ökologisch wiederverwendbar machen.
> *Peter Muth, Gründer & CEO Green Ocean*

Das Bryck Akzelerator-Programm ermöglicht es mir als Industrieexperten, vertrauensvoll und intensiv an den Herausforderungen von Gründern zu arbeiten und durch den Austausch mit den Gründern und anderen Mentoren auch über den eigenen „Tellerrand" hinauszublicken.
In dem Programm kann ich meine Erfahrung und mein Netzwerk gezielt dazu nutzen, um den Product-Market-Fit zu hinterfragen und die Idee der Gründer einem ersten Realitätscheck zu unterziehen.
Auch heute noch pflege ich gute Kontakte zu vielen der Gründer aus dem Bryck Akzelerator-Programm.
Daniel Lunter, CEO Tengelmann Energie

Kein fixes Programm, das zusätzliche Arbeit macht oder ein anderes Thema bearbeitet als das, was das Start-up gerade dringend lösen muss. Sondern Hilfe bei den Problemen, die man gerade hat. Die werden durch den Support viel schneller und besser gelöst.
Wir mussten Energieversorgungsunternehmen werden. Dafür braucht man viel Experten-Know-how über operative Prozesse, Tipps zu Dienstleistern. Statt wie sonst in einem neuen Feld sich durchkämpfen zu müssen über info@-Mails oder Service-Hotlines, habe ich unserem Mentor eine Whatsapp mit einer Frage geschickt, er hat eine Intro zum CEO der ganzen Firma gemacht, der mir drei Tage später höchstpersönlich meine Fragen beantwortet hat und uns an seine Experten vermittelt hat.
Niels Schubert, Mitgründer Otter Energy Trading

Investment Akzelerator

Da sich der Finanzierungbedarf der teilnehmenden Gründer zeitlich nicht in den Ablauf unseres Gesamtprogramms planbar integrieren lässt, hat unser Investment Akzelerator keine definierte Dauer, sondern richtet sich nach der Bedarfsplanung der Gründer. In einem Fall konnte das Start-up einer Gründerin nach Abschluss unseres Programms zwei Jahre lang profitabel wachsen, bevor sie eine Seed-Finanzierung zuließ. Zu diesem Zeitpunkt war ihre Bewertung bereits so hoch, dass ein Investment von uns nicht mehr in Frage kam. Bedauerlich für unsere Investmentkennzahl, aber erfreulich für unsere Bewertungskennzahl.

Abhängig von den Fortschritten, die die Gründer in den Programmbausteinen zuvor zeigen konnten, erhalten einige Start-ups von uns direkt im Anschluss an den Pilot Akzelerator eine Pre-Seed-Finanzierung in Form eines Wandeldarlehens in Höhe von 100.000 bis 300.000 Euro. Wir haben in den vergangenen Jahren erkannt, dass dieser Kapitalbedarf bei Start-ups, die B2B-Technologien entwickeln, fast immer entsteht, da die von Venture Capital Investoren geforderte Traktion nicht so leicht nachzuweisen ist. Auch hier greifen die eCommerce-Metriken nicht. Traktion manifestiert sich in der Regel diskret in einzelnen Pilotaufträgen, Kooperationen, Entwicklungspartnerschaften oder geförderten Projekten. Dies verdeutlicht das Beispiel einer Gründerin, die wir durch eine besondere Zwickmühle begleitet haben. Ihr lagen gleich zwei Letter of Intent vor. Ein Kunde versprach einen Pilotprojektauftrag unter der Bedingung eines Investments durch einen Venture Capital Fonds. Und ein Venture Capital Fonds versprach ein Investment unter der Bedingung eines Pilotprojektauftrags durch einen Kunden. So eine Situation lässt sich nur lösen, wenn man Vertrauen zwischen den Parteien schaffen kann, dass die zweite Partei nachzieht, sobald die Erste vorgelegt hat.

In jedem Fall unterstützen wir die Alumni unseres Programms bei der Vorbereitung ihrer Seed-Investment-Runde und vernetzen sie aktiv mit Investoren aus unserem Netzwerk. Zur Pflege und Erweiterung dieses Netzwerks sind wir auf relevanten externen Veranstaltungen präsent und veranstalten gemeinsam mit Partner-Investoren eigene Veranstaltungen, zu denen wir jeweils passende Alumni einladen. Weitaus wichtiger jedoch ist die persönliche Empfehlung. Auch hier haben wir gelernt, dass die handelnden Personen den Unterschied machen. Mit einem Demo Day unseres Programms erreichen wir zwar, dass sich Gründer und Investmentmanager kennenlernen, jedoch entstehen daraus selten direkt Investments. Eine deutlich höhere Erfolgswahrscheinlichkeit erzielen wir, wenn wir zuvor einen Kontakt zwischen Business Mentor und Investmentmanager aufbauen, diese sich über die Start-ups in unseren Programmen und deren Fortschritte austauschen und dann gezielt einzelne und für den Investmentmanager passende Gründer empfehlen.

Noch ein Wort zu unser eigenen Investment-Hypothese. Als Akzelerator sind wir nicht in erster Linie ein Investor und haben daher nicht den Dealflow von großen Venture Capital Fonds, die für die Identifikation von guten Investments ein vielschichtiges, inzwischen KI-gestütztes Filtersystem unterhalten, dass aus tausenden von Bewerbungen aussuchen kann. Wir setzen daher entlang unseres Programms auf die Bewertung und Einschätzung vieler beteiligter Experten und deren eigener, teils unbewusster Fähigkeit, die relativ wenigen messbaren Informationen zum Start-up mit eigenem Erfahrungswissen und aktuellem Kontext zu verknüpfen (und manchmal ganz herrlich irrational auf ihr Bauchgefühl zu hören).

Durch die enge Zusammenarbeit mit Bryck lernen wir spannende Pre-Seed-Teams früh kennen und bekommen im Akzelerator einen guten Einblick in ihre Entwicklung. Zusammen mit dem World Fund und dem HTGF haben wir außerdem The Grid aufgebaut – ein Format, das gezielt Start-ups und Investorinnen und Investoren zusammenbringt, die an Lösungen für die Energiewende in Deutschland und Europa arbeiten.
Felix Krause, Managing Partner, Vireo Ventures

Was uns besonders positiv aufgefallen ist, war der konkrete Fokus auf Investorengespräche. Es ging sehr gezielt darum, Investorenkontakte vorzubereiten und strukturiert anzugehen – individuell angepasst auf die aktuelle Finanzierungssituation des jeweiligen Start-ups. Besonders wertvoll war für uns auch die emotionale Unterstützung durch unsere Mentorin, die uns in dieser intensiven Phase sehr bestärkt und motiviert hat, eine Art von Support, der meiner Meinung nach einen ebenfalls wichtigen Part darstellt!
Das Programm hat uns vor allem dabei geholfen, unseren Investment-Case klarer zu formulieren und zu stärken. Darüber hinaus konnten wir einen Business Angel über das Programm gewinnen, der nun Teil unserer erfolgreich abgeschlossenen Pre-Seed-Runde ist.
Unsere Mentorin hat uns aktiv bei der Vernetzung mit dem Business Angel unterstützt, der später auch investiert hat. Sie hat uns bei der Vorbereitung der Unterlagen und Vernetzung begleitet. Diese persönliche Begleitung und auch ihr kritisches Feedback hat für uns den entscheidenden Unterschied gemacht.
Carlotta Altringer, Mitgründerin & CEO VitrofluidiX

Das Bryck Programm bot uns direkten Zugang zu Branchenexperten, Investoren und erfahrenen Mentoren, die uns geholfen haben, an unseren drei Keychallenges zu arbeiten, die bei uns die Verfeinerung der Wachstumsstrategien, unsere nächste Finanzierungsrunde und eine technische Hürde bei der Entwicklung waren. Die Kontakte, die wir während des Programms knüpfen konnten, haben uns nicht nur Türen zu neuen Märkten, sondern auch zu mehreren Investoren und Partnern geöffnet. Tatsächlich konnten wir unter anderem dadurch unsere Seed-Finanzierung erfolgreich durchführen.“
Jakob Kungel. Mitgründer Zählerfreunde

Gemeinsam Risiken eingehen und den Erfolg teilen

Die Erfolgsstrategie unseres Programms lautet, wie eingangs beschrieben, „Personen, Personen, Personen", und wir haben erläutert, wie wir unsere Programmbausteine danach ausrichten. Aber es steckt noch mehr dahinter, und zwar „Risiko, Risiko, Risiko". Es ist legitim zu fragen, ob Akzeleratoren überhaupt eine Berechtigung haben. Sollten sich in einem freien, transparenten und marktwirtschaftlichen Wettbewerb nicht die besten Gründer durchsetzen und sollte man nicht darauf vertrauen? Nein, wir denken nicht. Dadurch, dass die Verfügbarkeit von Risikokapital in Europa gegenüber z. B. den USA deutlich geringer ist und sehr viel restriktiver und risikoaverser eingesetzt wird, schaffen es viele, vor allem technologiebasierte Gründungen gar nicht erst in den skizzierten Wettbewerb. Unsere Rolle ist es daher, Risiko zu minimieren: Für den Industrieexperten senken wir das Risiko, ein Start-up für eine Pilotanwendung in seinem Unternehmen zu empfehlen, für den Investmentmanager, ein Start-up für ein Investment in eine Seed-Runde seinem Investment Committee vorzuschlagen und für die Gründer, wertvolle und knappe Ressourcen zu vergeuden. Selbstverständlich agieren auch wir wirtschaftlich und müssen für unsere Leistung neben unseren Investments eine Beteiligung an den Kosten unseres Programms von Industriepartnern einfordern, um einen Profit zu generieren. Doch dafür erschließen wir strukturiert ein gewaltiges Innovations- und Wachstumspotential, basierend auf europäischer Spitzenforschung und Gründern, die bereit und motiviert sind, das industrielle Rückgrat unserer Zukunft aufzubauen.

STARTUP

COLOSSEUM THEATER

BRYCK

III

Unternehmen Zukunft

Bernd Tönjes

Vorstandsvorsitzender der RAG-Stiftung, skizziert am Beispiel der Stiftung die Möglichkeiten, das Aufgabenspektrum und die gesellschaftliche Verantwortungsdimension großer Stiftungen in regionalen wie internationalen Zusammenhängen. Es geht um den Brückenschlag zwischen Vergangenheit und Zukunft, Tradition und Innovation im Rahmen einer unternehmerisch operierenden wie fördernden Stiftung. Das gilt insbesondere für die Entwicklung eines Ökosystems, das wissenschafts- und forschungsbasierte Start-ups mit etablierten, international agierenden Wirtschaftsunternehmen der Region vernetzt.

”

Wir leben in herausfordernden Zeiten mit zunehmend komplexeren Fragestellungen.

Lieber Herr Tönjes, bitte beschreiben Sie kurz Ihren persönlichen Werdegang. Gibt es Ereignisse, die Sie besonders geprägt haben?

Ich bin Bergmann. Als solcher kommt man – auch in Dorsten geboren – nicht auf die Welt, aber vielleicht wird einem die Neigung bereits in die Wiege gelegt. Als Jugendlicher bin ich bereits mit 14 Jahren einmal mit meinem Vater auf Fürst Leopold in einer Nacht- und Nebelaktion eingefahren. Das war unüblich. Denn einfahren durfte man an sich erst mit 16 Jahren. Heute kann ich die Geschichte erzählen, weil dieses kleine Vergehen längst verjährt ist. Jedenfalls hat es mich damals schon schwer beeindruckt – wie es unter Tage aussah, die geschwärzten Gesichter der Bergleute, die Geräusche und die Gerüche, die einen unten empfingen. Das alles hat mich geprägt.

Nach dem Abitur studierte ich Bergbau an der RWTH Aachen und trat 1982 meine erste Stelle auf dem Bergwerk Fürst Leopold als Steiger unter Tage an. Und wieder ging es – ganz legal – in die Tiefe hinab. Mein erster Arbeitsplatz lag gut 1.000 Meter unter der Erde, und ich bin täglich gern eingefahren.

Ich durchlief dann unterschiedliche Stationen. 1994 bis Anfang 1998 war ich Werksleiter des Bergwerks Heinrich Robert in Hamm und von 1998 bis Ende 1999 Werksleiter des Bergwerks Ewald/Hugo der Deutschen Steinkohle AG in Herten.

Im Jahr 2000 wurde ich Mitglied im Vorstand der Deutsche Steinkohle AG und im Mai 2001 dessen Vorsitzender, 2004 zusätzlich Mitglied des Vorstandes der RAG Aktiengesellschaft. Ab 2008 bis zu meinem Wechsel zur RAG-Stiftung war ich dort Vorsitzender des Vorstandes. Im Mai 2018 übernahm ich den Vorsitz des Vorstands der RAG-Stiftung.

Mit welcher Intention wurde die Stiftung gegründet? Welche Bereiche liegen im Fokus ihrer Tätigkeit?

Dafür zunächst ein kurzer Blick zurück: Fast 200 Jahre lang wurde in Deutschland Steinkohlenbergbau betrieben. Die Steinkohle war, kurz gesagt, der Stoff, aus dem unser Wohlstand geformt wurde und Deutschland nach dem Zweiten Weltkrieg wieder auf die Beine geholfen hat. Die hiesigen Steinkohlenpreise konnten aber ab einem bestimmten Zeitpunkt nicht mehr mit dem Weltmarktpreis mithalten, die Steinkohle wurde subventioniert. Im Ergebnis dieser Entwicklung wurde 2018 der Ausstieg aus dem deutschen Steinkohlenbergbau mit Schließung der letzten Zechen vollzogen. Grundlage dafür waren die „Kohlepolitische Verständigung von Bund, Land NRW, Saarland, Ibbenbüren und IG BCE" vom 7. Februar 2007 sowie das vom Deutschen Bundestag am 20. Dezember desselben Jahres verabschiedete Steinkohlefinanzierungsgesetz. Die Gründung der RAG-Stiftung erfolgte ebenfalls 2007.

Als Eigentümerin der RAG Aktiengesellschaft wurde die RAG-Stiftung unter anderem dazu verpflichtet, die Beendigung des subventionierten Steinkohlenbergbaus sozialverträglich abzuschließen. Das ist uns und allen Beteiligten Ende 2018 gelungen und war im historischen Maßstab ein einzigartiger Anpassungsprozess, der die ehemaligen Bergwerksregionen bis heute prägt.

Ein weiterer originärer Stiftungszweck der RAG-Stiftung ist die Finanzierung der Ewigkeitsaufgaben aus dem deutschen Steinkohlenbergbau an Ruhr, Saar und in Ibbenbüren nach dessen Beendigung. Dazu gehören Grubenwasserhaltung, Poldermaßnahmen und die Reinigung des Grundwassers an einigen ehemaligen Kokereistandorten. Bei der Grubenwasserhaltung geht es darum, einsickerndes Regen- und Oberflächenwasser, das sich viele hundert Meter tief unter der Erde ansammelt, abzupumpen. Das ist wichtig, weil dieses salz- und eisenhaltige Grubenwasser nicht in Kontakt kommen soll mit unserem Trinkwasser. Pumpen und Poldern müssen wir auch, weil das Bodenniveau im Ruhrgebiet in der Bergbauzeit stellenweise bis zu 20 Meter abgesackt ist und sich in den Senken sonst Wasser sammeln würde. Damit entlastet die Stiftung die öffentlichen Kassen dauerhaft von den Kosten, die mit dem Schutz und der Bewahrung einer intakten Umwelt verbunden sind.

Zum Stiftungszweck gehört des Weiteren die Förderung von Bildung, Wissenschaft und Kultur in Verbindung mit dem deutschen Steinkohlenbergbau. Unser Schwerpunkt liegt auf der Bildungsförderung chancenbenachteiligter Kinder und Jugendlicher. Auch über unsere Förderaktivitäten übernehmen wir ökologische und soziale Verantwortung und leisten einen wichtigen Beitrag zu Transformation und Zukunftsfähigkeit rund um die ehemaligen Zechenstandorte.

Die zur Erfüllung unserer Aufgaben benötigten finanziellen Mittel speisen sich aus den Erträgen unserer breit diversifizierten Kapitalanlagen. Dazu zählen Renten, das heißt Staatsanleihen und Unternehmensanleihen, Aktien, Immobilien und Infrastruktur, Private Equity und Beteiligungen beispielsweise an mittelständischen Unternehmen. Dazu kommen noch unsere strategischen Beteiligungen an Evonik und Vivawest.

Auch unser Engagement bei BRYCK ist für uns Teil unserer Kapitalanlagestrategie. Hierüber versprechen wir uns perspektivisch Zugang zu interessanten Investmentmöglichkeiten in Start-ups.

Die Stiftung ist ein großer weltweiter Investor. Ist mit den Investments auch eine inhaltliche Steuerungsfunktion verbunden?

Wo es möglich ist, bringen wir uns selbstverständlich in angemessenem Umfang ein. Schließlich müssen wir als Investor unsere Interessen wahren. Die Möglichkeiten, sich einzubringen sind aber naturgemäß von Investment zu Investment sehr unterschiedlich. Wo wir in Fonds investieren, sind unsere Steuerungsmöglichkeiten in der Regel sehr überschaubar. Je nach Beteiligungsgrad steigen die Möglichkeiten – beispielsweise durch die Übernahme von Aufsichtsratsmandaten, den Dialog mit dem Management oder die Stimmrechtsausübung auf Hauptversammlungen. Wir tun das dann durchaus aus wohlverstandenem Eigennutz. Nehmen Sie nur mal das Thema Nachhaltigkeit: Das treiben wir als verantwortliche Eigentümerin mit langem Anlagehorizont, weil es für eine umfassende Betrachtung von Chancen- und Risikopotentialen unverzichtbar ist. Entsprechend haben wir ESG-Kriterien auch in unsere klassischen Finanzanalysen integriert. Eben weil Nachhaltigkeit für uns nicht Selbstzweck ist, sondern ein knallharter Wettbewerbsfaktor und Wachstumstreiber.

Wie ist Ihre Sicht auf Entrepreneurship allgemein und in der Region?

Unternehmertum ist zweifelsfrei eine treibende Kraft für Innovation und wirtschaftliches Wachstum, überall auf der Welt und damit auch auf regionaler Ebene wie hier im Ruhrgebiet. Gerade das Ruhrgebiet verfügt über eine besonders reiche und intensive Geschichte des Wandels von traditionellen Industrien hin zu neuen Technologien und Dienstleistungen.

Der bis heute andauernde Wandel bietet eine Fülle von Möglichkeiten für Unternehmerinnen und Unternehmer, neue Ideen zu verwirklichen und Arbeitsplätze zu schaffen, die die lokale Wirtschaft stärken.

Die Kombination aus einer starken industriellen Basis, einer wachsenden Start-up-Szene und der Unterstützung durch Universitäten und Forschungseinrichtungen macht das Ruhrgebiet zu einem spannenden Ort für Entrepreneure, die mit ihrer Innovationskraft und ihrem Unternehmergeist auch unsere Region nach vorne bringen möchten. Deshalb werben wir dafür, dass junge Menschen mit Gründergeist ins Ruhrgebiet kommen und ihre Ideen hier verwirklichen.

Welche Rolle spielen die Hochschulen in diesem Prozess?

Die Hochschulen im Ruhrgebiet spielen eine zentrale Rolle als Gründerschmieden, sie sind entscheidend für die Entwicklung einer lebendigen Start-up-Kultur in der Region. Sie bieten zunächst eine fundierte akademische Ausbildung und sind zugleich in der Lage, gründungswillige junge Menschen zu identifizieren und zu fördern. Auch wenn es trotz rund 250.000 Studierenden im Ruhrgebiet immer noch insgesamt zu wenige Ausgründungen pro Kopf gibt. Stellen Sie sich vor, es gingen nur circa ein Prozent der Studierenden unter die Gründerinnen und Gründer, dann wären das schon 2.500 Start-ups.

Ich bin sehr froh, dass wir die Universitäten der Universitätsallianz Ruhr, das heißt die Ruhr-Universität Bochum, Universität Duisburg-Essen und TU Dortmund, dafür gewinnen konnten, im Rahmen der BRYCK Start-up Alliance zusammen mit uns und dem Initiativkreis Ruhr an einem Strang zu ziehen. Gemeinsam wollen wir ein florierendes Start-up-Ökosystem entwickeln und vorantreiben. Alle Angebote für Gründer sind künftig unter einem Dach verfügbar. Ich bin überzeugt davon, dass wir das Ruhrgebiet im Schulterschluss nachhaltig als attraktive Gründerregion positionieren können.

Welcher Fähigkeiten bedarf es zukünftig, um innovationsfähig zu bleiben?

Wir leben in herausfordernden Zeiten mit zunehmend komplexeren Fragestellungen. Märkte und Technologien verändern sich rasant. Deshalb ist es überdurchschnittlich wichtig, flexibel und lernbereit zu bleiben. Wenn wir uns anschauen, in welchem enormen Tempo KI unser Leben und Arbeiten bereits verändert hat und noch verändern wird, dann wissen wir, dass es Beweglichkeit und Tempo braucht, um innovationsfähig zu bleiben.

Das Ruhrgebiet ist Veränderung gewohnt, es ist das Sinnbild für Wandel. Und es hat bewiesen, dass es sich darauf einstellen kann. Wenn Neues entsteht, entstehen immer auch neue Chancen für Unternehmer. Ohne etwas schönreden zu wollen: Auch in Krisenzeiten entsteht stets Neues. Deshalb waren Krisenzeiten immer auch gute Zeiten für Gründerinnen und Gründer.

Ist es zutreffend, die Stiftung als Ermöglicherin und Treiberin des regionalen Fortschritts zu bezeichnen?

Die Aufgaben der RAG-Stiftung sind klar definiert. Eine davon ist, wie eingangs beschrieben, die Finanzierung der Ewigkeitsaufgaben. Das kostet uns jedes Jahr rund 300 Millionen Euro. Die Förderung von Projekten aus Bildung, Wissenschaft und Kultur gehört mit aktuell jährlich 32 Millionen Euro ebenfalls dazu. „Regionalentwicklung" gehört ganz klar nicht zu unseren Aufgaben. Da ist die Satzung der Stiftung eindeutig. Wenn wir über unsere Aufgaben aber dazu beitragen können, wichtige Impulse zur erfolgreichen Fortentwicklung der ehemaligen Bergbauregionen zu setzen, dann tun wir das gerne.

Lassen Sie es mich an zwei Beispielen verdeutlichen:

Im Bereich unserer Förderaktivitäten sorgen wir dafür, dass chancenbenachteiligte Kinder und Jugendliche gute Bildungschancen erhalten, einen Schulabschluss erlangen, erfolgreich eine Ausbildung absolvieren oder studieren können. Letztlich, so unser Ziel, können diese jungen Menschen später ein selbstbestimmtes Leben führen. Gleichzeitig wirken wir damit aber auch dem Fachkräftemangel in unserer Region entgegen.

BRYCK ist ebenfalls ein gutes Beispiel dafür, wie wir über unsere Aufgaben positive Impulse setzen. Unser Start-up-Engagement hat insgesamt einen klaren Fokus auf Rendite. Wir erwarten uns von BRYCK perspektivisch Investitionsmöglichkeiten im Rahmen unserer Kapitalanlagestrategie. Wenn wir dadurch den Aufbau eines florierenden Start-up-Ökosystems in unserer Region unterstützen können, ist das ein sehr willkommener Nebeneffekt.

Sehen Sie die Stiftung als Brücke zwischen Tradition und Zukunft? Und welche Rolle spielt die Tradition des Bergbaus im Speziellen?

Man kann sicher davon sprechen, dass die Stiftung eine Brücke zwischen Vergangenheit und Zukunft, Tradition und Innovation bildet. Wir bewältigen – teils auf sehr innovativem Wege – Aufgaben, die uns die Vergangenheit auferlegt hat und das bis weit in die Zukunft hinein, eben ewig. Mit unseren Förderaktivitäten im Bereich Kultur stellen wir unterdessen sicher, dass auch kommende Generationen die Bergbautradition ihrer Heimat und die Werte der Bergleute erfahren.

Allerdings darf Tradition aus meiner Sicht nicht bedeuten, dass wir Vergangenem nachhängen. Eine Früher-war-alles-besser-Mentalität hat noch nie Aufbruch erzeugt. Wer zu oft zurückschaut, verliert den Blick nach vorn. Die Tradition des Bergbaus, zu der ich auch dessen Werte wie Solidarität, Verlässlichkeit und die Fähigkeit anzupacken, zähle, kann uns beim beherzten Schritt nach vorn aber kräftigen Rückenwind verleihen.

Wie sehen Sie persönlich die Rolle und Verantwortung von privaten Stiftungen im Allgemeinen? Welche Anregungen würden Sie aussprechen?

Private Stiftungen sind ein Zugewinn für die Gesellschaft. Sie übernehmen gesellschaftliche Verantwortung und leisten sinnvolle Ergänzungen, wo der Staat an seine Grenzen stößt. Dabei ist es wichtig, dass sie nur unterstützen. Würden staatliche Aufgaben vollständig auf private Stiftungen übergehen, könnte dies zu Ungleichheiten führen, da Fördermittel nicht zwingend nach gesellschaftlicher Notwendigkeit, sondern nach den Vorstellungen der Geldgeber verteilt würden.

Die RAG-Stiftung ist mit den üblichen privaten Stiftungen nicht ganz zu vergleichen. Das liegt an ihrer einzigartigen Aufgabe und an der Art und Weise, wie sie ihr Geld verdient. Die Stiftung handelt unternehmerisch, um ihr Vermögen vor dem Hintergrund ihrer ewigen Verpflichtungen zu mehren. Und die Stiftung schließt nicht nur „eine Lücke“ in Bezug auf die Finanzierung der Ewigkeitsaufgaben, sondern entlastet die öffentliche Hand vollumfänglich und ist auf Dauer angelegt. Sie ist ein Erfolgsmodell, das auch deshalb so gut funktioniert, weil es zwar politische Kontrolle gibt, aber keine politische Einflussnahme.

Für die Zukunft und die Region betrachtet, liegt die Kraft sicher in der Kooperation. Wir haben im Ruhrgebiet zahlreiche Stiftungen, die über ihre Aktivitäten bedeutende Impulse in unserer Region setzen. Noch besser vernetzt, können wir viel erreichen, insbesondere wenn es darum geht, langfristige ökologische und soziale Effekte mit ökonomischer Wertschöpfung zu verbinden.

7

Sieben Zukunftsperspektiven

1. **Gründergeist früh fördern –** Entrepreneurship gehört verpflichtend in die Schul- und Hochschulbildung.

2. Ein **modernes Einwanderungsrecht für Talente und Gründer** ist essenziell, um internationale Innovationskraft nach Deutschland zu holen.

3. **Weniger Bürokratie** und mehr digitale Verwaltungsprozesse sind Grundvoraussetzungen für eine agilere Gründungslandschaft.

4. Ein **leistungsfähiger Wagniskapitalmarkt mit staatlichen Co-Investments** schafft die finanzielle Basis für ambitioniertes Wachstum.

5. Der **Staat muss als aktiver Innovationspartner agieren,** insbesondere durch mutige öffentliche Beschaffung und strategische Förderung.

6. **Deutschland braucht Vorbilder,** Medienpräsenz und gesellschaftliche Anerkennung für Gründer, um Unternehmertum kulturell aufzuwerten.

7. **Spitzenleistungen mit System gezielt kreieren –** nach dem Vorbild der Leistungszentren im Sport.

Auftrag, Anspruch, Strahlkraft: Die Idee des Leistungszentrums

Ein Gespenst geht um in Deutschland: das große Unbehagen. Es hat eine subjektive Komponente, die sich als diffuser Gefühlsmix aus Verstimmung, Unruhe, Unsicherheit, Unwohlsein, Untätigkeit, Stau zu einer Art psychomentaler Grunddisposition verdichtet hat. Objektiv gründet das allgemeine Unbehagen auf empirischen Daten und geopolitischen Fakten: dauerhafter Rezession, radikal veränderten, krisenhaft zugespitzten geopolitischen Konstellationen und kriegerischen Konflikten. Wohlstand und äußerer wie innerer Frieden scheinen bedroht, die Situation ist ernst („Zeitenwende"). Deutschland als ewiges Wirtschaftswunderland und Hort stabiler demokratischer Verhältnisse wirkt verunsichert, volatil. Die immer noch drittgrößte Wirtschaftsmacht der Welt schwächelt, die Perspektiven sind zumindest eingetrübt. Gegen dieses kollektive Unbehagen hilft diagnostisch wie therapeutisch nur ein Dreischritt aus nüchterner Erkenntnis der Lage, einer ebenso ehrlichen Berechnung der Defizite, um schließlich die eigenen „Bestände" als zukunftsweisende Lösung ins Feld zu führen: Wo stehen wir, woran hapert es, wohin sollten wir wie gehen?

Dass wir in Deutschland unternehmerisch nicht mehr führend sind, liegt insbesondere auch an hausgemachten Strukturen. Wir erkennen, dass es Aspekte gibt, die es verhindern, dass aus Ideen starke neue Unternehmen werden. Die deutsche Unternehmensstruktur ist einerseits geprägt von großen Unternehmen und andererseits von einer sehr breiten Basis an mittelständischen Unternehmen (teilweise von Weltrang, sogenannte Hidden Champions). Allerdings sind viele dieser Unternehmen vor 100 oder mehr Jahren gegründet worden – von einer ganz anderen Generation herausragender Gründer, wie im Eingangskapitel des Bandes charakterisiert. Die letzten großen Beispiele für den Aufbau eines innovativen Unternehmens von Weltrang liegen lange zurück. Eines der immer wieder zitierten Unternehmen in diesem Zusammenhang ist SAP, dessen Gründung erfolgte vor einem mittlerweile halben Jahrhundert. Das ist also Geschichte, nun aber treiben wir, wie es Gerald Wagner in der FAZ vom 4. März 2025 so treffend formuliert hat, im „Deutschland-Tempo in die Bedeutungslosigkeit". Doch woran lässt sich diese drohende Bedeutungslosigkeit der Wirtschaft und der Innovationskraft festmachen? Zieht man die universitäre Forschung heran, so haben die deutschen Hochschulen und außeruniversitären Forschungseinrichtungen durchaus das Potential zu bahnbrechenden Innovationen. Allerdings kommen diese viel zu häufig nicht in die erfolgreiche konkrete Umsetzung. Denn diese ist kein Automatismus – in die kommerzielle Umsetzung geht es nur dann, wenn die unternehmerischen Voraussetzungen, die Transferbedingungen dafür gegeben sind: Know-how, Kapital und nicht zuletzt Spirit. Sie werden immer auch von Unternehmergeist und unternehmerischem Willen bestimmt. Also von Persönlichkeiten und Menschen, die mit unternehmerischer Kraft und unternehmerischem Mut diese Innovationen umsetzen wollen und können. Es liegt also nahe, davon auszugehen, dass nicht die rein ökonomisch-technologischen Prämissen ein wesentliches Element für eine schwache Innovationskraft des Landes darstellen, sondern vielmehr die derzeit vorherrschende Mentalität zu wenig ausgeprägt ist für eine unternehmerische Umsetzung. Das lässt sich in vier entscheidenden Desperaten festhalten: Uns fehlt in der Breite der unternehmerische Wille, der unternehmerische Mut, die unternehmerische Durchsetzungsfähigkeit und das erforderliche Tempo.

Viele von uns empfinden den Mehltau, der sich über das Land gelegt hat. Es ist ein Ausdruck dieses diffusen Unbehagens. Wir leben in einer Zeit, in der wir eher ans Bewahren denn ans Aufbrechen denken. Wir benötigen daher eine wirkliche Renaissance von unternehmerischer Tatkraft, Energie und Dynamik in diesem Land. Dazu bedarf es entsprechender politischer Rahmenbedingungen und Governance, wir benötigen ein gesellschaftliches Bekenntnis zum Unternehmertum gepaart mit der Bereitschaft zur Leistungsfähigkeit und einen hohen Anspruch an uns selbst. Kurz: Wir benötigen eine Entfesselung – eine Entfesselung im Geist und im Handeln. Aufbruch ist immer Willensstärke, das Erkennen von Chancen, ein Tatendrang, um Neuland zu erobern. Andere machen es längst vor.

An dieser Stelle lohnt sich ein Blick in die Welt der professionell aufgestellten Start-up-Ökosysteme, wie zum Beispiel dem Silicon Valley in Kalifornien. Auch solche Innovationszentren entwickeln sich stetig weiter. Allerdings lassen sich wiederkehrende Strukturen erkennen, die angewandt werden, um erfolgreiche Unternehmen zu entwickeln. Diese Muster des erfolgversprechenden Aufbaus von Innovationsumgebungen können prinzipiell auch auf hiesige Verhältnisse adaptiert werden, denn nur aus dem Kontinuum gewachsener Erfahrung und verifizierter Professionalität kann eigene Innovationskraft an anderem Ort dauerhaft entstehen.

Diesen „beglaubigten“ Erfolgsmustern wollen wir uns nachfolgend widmen: Dies soll keine technisch-formale Betrachtung sein soll, sondern wir wollen uns auf das besinnen oder besser zurückbesinnen, was uns schon in der Vergangenheit ausgezeichnete – und das ist ein spezieller Gründergeist, ein Gründernarrativ für Deutschland, das sich als Innovations- und Wohlstandsgeschichte lesen lässt. Und anders als vor 100 und mehr Jahren ist es aber nun möglich, sehr strukturiert die Erfolgswahrscheinlichkeit oder anders ausgedrückt, das Risiko des Scheiterns von jungen Unternehmen ein Stück weit zu steuern, indem man bewährte Erfolgsmodelle und -geschichten heranzieht. Essentiell ist bei all dem, dass sich dieses Modell am Leistungsprinzip, und zwar ausschließlich dem Leistungsprinzip, orientiert.

Im Kern geht es also hier und jetzt um ein Start-up-Leistungszentrum, das gleichsam als Biotop für die Entstehung von jungen Top-Unternehmen fungieren kann. Jede modellhafte Geschichte dieser Art lebt von Metaphern und Analogien. Um unser Leistungszentrum für Start-ups in seinem Alleinstellungscharakter veranschaulichen zu können, ziehen wir deshalb im Folgenden eine Analogie aus den Naturwissenschaften als Metapher heran – den Laser. Mit der Laser-Metapher verknüpft sich das zentrale Bild der europäischen Aufklärung: die aufgehende Sonne, die das Licht selbstbestimmter Erkenntnis bringt. Jenseits aller fachspezifischen naturwissenschaftlichen Darstellungen geht es hier um die grundsätzlichen Eigenschaften des Lasers („Light Amplification by Stimulated Emission of Radiation"), die die Differenz zum normalen Glühlampenlicht markieren. Im Laser bündelt sich der Lichterstrahl zu hoher Intensität, der enge Frequenzbereich führt zur Konzentration, die Aussendung und Abgabe der Lichtenergie werden stimuliert, und als Medium sorgt der Laser für Energiezufuhr und -übertragung in höchstmöglicher Verstärkung: extrem hell und punktgenau.

Übertragen auf die Entwicklung und Gestaltung eines Innnovationsraums, eines schöpferischen Praxisraums – das Leistungszentrum –, erkennen und nehmen wir mit: Es bedarf einer eigenen Umgebung mit stimulierenden Voraussetzungen, die die Energiezufuhr und den kreativen Energieaustausch konzentriert, befördert, steigert, um so Potentiale, Talente bündeln und verstärken zu können, die so Herausragendes hervorbringen und „aussenden". Konkret bedeutet dies, dass eine hochqualifizierte, fokussierte und spezialisierte Umgebung auch junge Unternehmen zu unterstützen und formen vermag, auf dass sie in ihren Märkten zukunftsweisend und erfolgreich „performen".

Nun ist die technische Seite das eine – Innovationen erfordern immer auch geistige Impulse, brauchen also Menschen, die zuvor die kreativen Ideen entwickeln. Bahnbrechende Erfolge sind dann möglich, wenn man technische Voraussetzungen, Kreativität und nicht zuletzt unternehmerische Umsetzungskraft in einer inspirierenden, von gemeinsamem Spirit getragenen Umgebung zusammenbringt. Es ist also vonnöten, dass man einen (Mentalitäts-)Raum kreiert, in dessen „Klima" Neues erschaffen werden kann.

Für die wirkungsvolle Entfaltung eines solchen Mentalitätsraums brauchen wir allerdings einen radikalen Paradigmenwechsel und eine neue Offenheit für Herausragendes – das heißt die Etablierung eines Systems, das konsequent Spitzenleistungen fördert, das gezielt die talentiertesten Gründer unterstützt und ihnen optimale Rahmenbedingungen bietet, um auf höchstem Niveau zu konkurrieren. Und an dieser Stelle kommt ein weiterer Bereich ins Spiel – der Sport –, aus dem sich Analoges gewinnen und lernen lässt. Im Sport ist der Unterschied zwischen Breitensport und Leistungssport glasklar – und genau diese Unterschiede müssen wir auf die Start-up-Welt übertragen. Leistungszentren im Spitzensport bündeln, konzentrieren Wissen, Methodik, Trainingspraxis, mentale Entwicklung und Betreuung auf ein Ziel hin: den größtmöglichen Erfolg im internationalen Wettkampf. Leistungszentren stehen für Exzellenz in der Infrastruktur und Ausbildung, das heißt Trainerteams für alle Bereiche. Sie verbinden heute gerade auch im Hochleistungssport avanciertes, aktuelles Theorie-, mit hochkarätigem Erfahrungs- und Handlungswissen auf dem Weg, dass Top-Talente maximale Leistung erzielen, alles aus sich herausholen. Die besten Leistungszentren gründen auf ganzheitlichen, multidisziplinären Ansätzen, die von der individuellen Sportlerpersönlichkeit und den Charaktereigenschaften in und von Teams ausgehen. Deshalb sind sie prozess- und gemeinschaftsorientiert, was gesellschaftliche Verantwortung und Wertebewusstsein einschließt. Leistungszentren funktionieren nur in einem Umfeld, das frei ist von kleinkariertem Bürokratismus, regulatorischem Beharrungswillen oder selbstgefälligem Funktionärswesen. Als Zukunftsinvestitionen brauchen Leistungszentren Vertrauen, Risikobereitschaft und den Mut zum Experiment, zum „Andersmachen". Leistungszentren leben von permanentem Energieaustausch, nur dann können sie ihre eigene Energie entfalten.

Um Entwicklung, Energiezufuhr und -austausch, um Erfolg auf den internationalen Märkten geht es auch und vor allem in unserer Idee des Start-up-Leistungszentrums, in dem die herausragenden, zukunftsweisenden Ressourcen und Talente des Wissenschafts- und Wirtschaftsstandorts Deutschland in konkurrierenden Regionalverbänden Innovationen für die freiheitliche Gesellschaft von morgen realisieren – vom Leistungszentrum direkt in den Markt.

Das Start-up-Leistungszentrum als Anspruch

Der Anspruch eines Start-up-Leistungszentrums lässt sich aus seiner grundsätzlichen Orientierung ermitteln Ein kritischer Erfolgs-Parameter ist hierbei, dass man aus der Gegenwartsbetrachtung Schlüsse für die Zukunft zieht. Sein Anspruch muss demnach sein, aus dem Vorhandenen die zukünftige Gestaltung der Wirtschaftswelt abzuleiten. Gleichzeitig bedarf es einer Einheit von interdisziplinärer Bildung und unternehmerischer Ausbildung. Ethische Grundlage dieser Ausbildung und Ausrichtung muss stets eine Wertebasierung und eine Ganzheitlichkeit in Denken und Handeln sein. Dies sind die Grundfesten einer modernen verantwortungsvollen und bewussten Entwicklung und Gestaltung von Unternehmen. Sie sollen jedoch kein Selbstzweck sein, sondern sich in einen modernen westlich geprägten Wertekanon eingliedern. Neben dieser kulturellen Orientierung als Dach bedarf es einen physischen Ort zur Zusammenkunft. Ein rein virtueller Ansatz kann niemals ersetzen, was ein persönlicher Austausch zwischen den verschiedenen Akteuren ermöglicht. Deshalb setzen wir auf ein Campus-Konzept, mit einem Raum für ein direkten persönlichen Austausch. Basis für die Ausgestaltung werden und sollen immer auch Praxiskonzepte und Use Cases sein, an denen beispielhaft Entwicklungen demonstriert, kritisch diskutiert und bewertet werden. Und dieses Vorgehen erfolgt unter dem Blickwinkel der europäischen Aufklärung, die von Mündigkeit, Selbstbestimmung und gesellschaftlicher Verantwortung geprägt ist. Der Leistungsanspruch muss immer der Exzellenz folgen, das Leistungszentrum muss stets dem maximal Möglichen folgen, ein wahres Center of Excellence sein. Dieser Anspruch ist verbindlich und konstitutiv.

Das Start-up-Leistungszentrum als Organisation

Das Start-up-Leistungszentrum besteht organisatorisch und konzeptionell prinzipiell aus drei verschiedenen Bereichen: Reallabor, Trainingscamp, Mentalitätsraum.

Das Reallabor

Ein Reallabor dient als Experimentierfeld und Versuchsanstalt für Start-ups. Dahinter steht die Vorstellung, dass insbesondere forschungsintensive Start-ups, gerade wenn es sich um junge Unternehmen aus dem B2B-Umfeld handelt, zur Weiterentwicklung die Verprobung ihrer Idee mit der Industrie benötigen. Häufig entwickeln Start-ups kreative, innovative Ansätze und Lösungen, die aus einer Laborumgebung stammen. Gleichzeitig fehlt der Praxisbezug für die technische Umsetzung in der Serie und in der Skalierung auf der einen Seite. Und auf der anderen Seite existiert regelmäßig eine Lücke zu der industriellen Realität. Kurz gesagt, es ist zu bewerten, welches Problem die Idee in der Realität adressiert. Aus der Forschung ist ein Reallabor-Ansatz eine maßgebliche Möglichkeit, um zielgerichtet Innovation zur Marktreife zu bringen. Voraussetzung dafür ist, dass die Industrie den Start-ups den Zugang zu ihren Anlagen und Umgebungen gewährleistet. Gleichzeitig profitieren Start-ups darüber hinaus vom Austausch mit der

Praxis. In diesem Zusammenspiel ist es möglich, Innovationen schnell auszutesten, anzupassen und auf die reale Unternehmenswelt auszurichten. Ein wesentlicher Erfolgsparameter gerade im industriellen Kontext ist die Beschleunigung und Umsetzungsqualität von Innovationen.

Das Trainingscamp

Der zweite Baustein ist das Trainingscamp unter Wettbewerbsbedingungen. In diesem Trainingscamp sollen die grundsätzlichen Erfordernisse für den erfolgreichen Aufbau eines Unternehmens exemplarisch den Start-ups und jungen Unternehmern vermittelt werden. Der Aufbau von jungen Unternehmen folgt einem generellen Muster, das verstanden werden muss, um sich erfolgreich im Markt durchzusetzen. Nicht zuletzt geht es darum, junge Unternehmen für weitere Stakeholder sichtbar und interessant zu machen. Zu denken ist hierbei an die Vermittlung von detaillierten Kenntnissen über die Funktionsweisen von Unternehmen. So kann es sehr hilfreich sein, frühzeitig die bürokratischen Voraussetzungen zu verstehen, um mit Unternehmen zusammenarbeiten zu können. Ganz praktisch kann es beispielsweise darum gehen, wie man mit Einkaufsabteilungen umgeht oder wie man seine Lösungen in der richtigen Art und Weise dem Unternehmen vorstellt. Ein weiterer entscheidender Aspekt ist der Auftritt gegenüber potentiellen Investoren, die Präsentation seines eigenen Unternehmens gegenüber Unternehmensinvestoren oder Finanzinvestoren. Um „Investor ready“ zu werden, sind Kommunikationstraining, performative Übungen oder vorbereitende Recherchemethoden unverzichtbare „Trainingseinheiten“.

Der Mentalitätsraum

Den dritten Baustein bezeichnen wir als Mentalitätsraum. Hier geht es darum, als junges Unternehmen das eigene Team zu formen und zu entwickeln. Insbesondere bei Deep Tech-Unternehmen, die einen eher ingenieurwissenschaftlichen oder technischen Background besitzen, muss darauf geachtet werden, dass das Team ausgeglichen und in allen wichtigen Bereichen richtig aufgestellt ist. Neben einer Fokussierung auf das Angebot und das Produkt gilt es, auch den Vertrieb, die Außendarstellung, die Personalarbeit und die Finanzen adäquat auszugestalten. Dazu zählt essentiell auch die Entwicklung einer einzigartigen Unternehmenskultur, die Höchstleistungen für das gesamte Start-up-Team zulässt. Hier stellen sich große Herausforderungen, gerade für ein junges Gründerteam, wenn es darum geht, die Organisation schnell weiterzuentwickeln und skalierungsfähig zu machen. Nicht zuletzt geht es an dieser Stelle um die Transformation von einem gründerbasierten Organisationskonzept zu einem managementbasierten Konzept. Gründer müssen hier Hilfestellung bekommen, um die Dynamik der Unternehmensentwicklung anforderungsgerecht managen zu können. Dazu bedarf es einer Lern- und Arbeitsatmosphäre, eines „Klimas", das solche vielschichtigen Interaktions- und Führungsprozesse aktiv stimuliert – also eine Umgebungsqualität physisch wie mental bietet, die schöpferische Prozesse freisetzt.

Das Start-up-Leistungszentrum als Auftrag

Das Start-up-Leistungszentrum soll von einer ganz speziellen Philosophie und Orientierung profitieren: das Leistungszentrum als eine Bildungseinrichtung und gleichzeitig als ein Hort der unternehmerischen Ausbildung. Diese Ausbildung soll die Grundlagen und wichtigen Bausteine der unternehmerischen Berufsfähigkeit vermitteln. Bildung als solches adressiert insbesondere auch die Persönlichkeitsentwicklung und Persönlichkeitsbildung. Wichtiger Parameter ist hierbei die Gesellschaftsorientierung, was ein Gegenwartsbewusstsein und auch eine Herkunftsgeschichte einschließt. Das Leitbild der Persönlichkeitsentwicklung soll auf einem europäischen Wertekanon basieren. Unter Berücksichtigung und auf Grundlage von Orientierungs-, Zusammenhangs- und Reflexionswissen. Die unternehmerische Ausbildung hingegen präferiert ein wertebasiertes verhaltensorientierten Managementverständnis wie es vor allem Peter Drucker vertreten hat: „Management is a social function, embedded both in an tradition of values, customs, and beliefs (...). Management is (...) culture conditioned and (...) it is not ‚value -free'-science." Diesem Paradigma folgend, gelangt ein fünfstufiges Praxismodell zur Anwendung, das von der unternehmerischen Berufsfähigkeit zur Berufsfertigkeit führt und gesellschaftlich-kulturelle Kontexte einbezieht.

Diese fünf Bausteine sind im Einzelnen die

- Theorie der Praxis (Reflexion auf das Praktische)
- gelehrte Praxis (Praktiker im Einsatz)
- simulierte Praxis (Case Studies)
- gebundene Praxis (angewandtes Projektmanagement)
- selbst verantwortete Praxis (Einsatz im freien Feld).

Fassen wir zusammen: Idee, Anspruch und Auftrag einer solchen holistisch gedachten Hochleistungsorganisation für forschungsbasierte Start-ups von internationalem Rang geht weit über die Praxis von Gründerzentren, Inkubatoren und Akzeleratoren hinaus. Sie werden gleichsam „gelasert". Wie in der Laser-Metapher veranschaulicht, ist das

Leistungszentrum auf die Intensivierung, Bündelung, Verstärkung, den Austausch aller Energien ausgerichtet, stellt eine kohärente Institution dar, deren primäres Ziel es ist, das forschungsbasierte Geschäftsmodell direkt in die Business-Praxis zu „emittieren". Gründen unter dem Vorzeichen solch exzellenter Rahmenbedingungen heißt dann: Alle unterstützenden Ressourcen auf ein Ziel, auf einen Punkt hin zu konzentrieren, um „Strahlkraft" zu erzeugen.

Nur über Leistungszentren dieser ganzheitlichen Art kann die internationale Wettbewerbsfähigkeit Deutschlands auf Spitzenniveau gesichert werden. Gerade im zukunftsträchtigen Bereich der Deep Tech Start-ups ist diese absolute Fokussierung auf die Besten die Voraussetzung einer eigenständigen, von den Werten der europäischen Aufklärung und Moderne geprägten neuen Gründerzeit. Der forschende und unternehmerische Mensch in seiner gesellschaftlichen Verantwortung steht dabei im Zentrum. Dafür die notwendigen exzellenten Rahmenbedingungen zu schaffen, ist ebenfalls eine unternehmerische Bildungs- und Ausbildungaufgabe, die das zielgerichtete Zusammenspiel staatlicher, privater und privatwirtschaftlicher Akteure bedarf. Und schließlich wirken Spitzenleistungen immer auch vorbildhaft und damit stimulierend in die Breite. Das nützt dann vielen und verändert die Gesamtperspektive. Auch noch so berechtigtes Unbehagen ist kein guter Ratgeber und als Zustand unproduktiv. Dagegen hilft nur ein „Klimawandel" durch Rückbesinnung auf selbstbestimmtes Handeln und Bündeln der eigenen Kräfte, also Aktivierung der zukunftsweisenden „Bestände". Das erscheint nicht nur möglich, sondern ist das Gebot der Stunde.

Anhang

Dank

Unser Dank geht raus an alle, die an der Entstehung und beim Gelingen dieses Buches Anteil hatten. Insbesondere an Gunnar Bender, der die Idee zum Buch bei ausgiebigen Diskussionen im Borchardt in Berlin-Mitte zur Reife gebracht hat. Und auch für seine Empfehlung, mit dem Siebenhaar Verlag dieses Werk entstehen zu lassen, war Gold wert. Ohne die geduldige und immer tatkräftige Unterstützung von Dagmar Boeck-Siebenhaar und Klaus Siebenhaar wäre alles viel schwieriger geworden. Auch hat uns die regelmäßige Besprechung im Entstehungsprozess des Buches so gut getan, dass wir die eine oder andere Richtungsänderung vollzogen haben, die notwendig und richtig war. Von Herzen danken wollen wir natürlich unseren Gesprächspartnern, die offen, ehrlich und immer engagiert mit uns gesprochen, überlegt und manchmal auch philosophiert haben. Das ist nicht selbstverständlich und hat viel Freude gemacht.

Dank gebührt auch unserem Team von Bryck, das uns jederzeit flexibel und tatkräftig unterstützt hat, namentlich Ann-Cathrin Sieren, Felix Klatt und Marc Aufdemkamp. Für einen großartigen inhaltlichen Austausch möchten wird zudem ausdrücklich auch unserem Geschäftsleitungs-Kollegen Tobias Grün danken.

Zu den Autoren

Philipp Herrmann

Nach dem Diplom-Abschluss eines BWL-Studiums an der Universität Mannheim und ersten Führungserfahrungen in der Bertelsmann AG, unter anderem mit dem Aufbau des Bildungs-Start-ups scoyo, MBA-Studium und Abschluss an der Stanford University. Dort als „Innovation leader" der renommierten „d.school" intensive Erfahrungen mit der Start-up-Szene. Diese Kontakte werden bis heute als „Admissions Interviewer" für die Graduate School of Business aktiv gepflegt. Ab 2011 Gründung und Aufbau von etventure, nach dem Verkauf an Ernst & Young dort bis 2021 Partner. Ab 2022 Gründer und Geschäftsführer der BRYCK GmbH & Co KG.

Christian Lüdtke

Nach dem Studium der Volkswirtschaft mit Diplom an der Universität Duisburg-Essen und Promotion zum Dr. rer. pol. an der Technischen Universität Braunschweig zahlreiche Führungspositionen im Bertelsmann Konzern, dort auch erste Gründungserfahrung mit dem Bildungs-Start-up scoyo. Als Co-Gründer von „etventure" 2011 Etablierung eines erfolgreichen Start-ups, nach dem Verkauf an Ernst & Young bis 2021 als Partner tätig. Ab 2022 Gründer und Geschäftsführer der BRYCK GmbH & Co KG. Außerdem Mitglied des Aufsichtsrats des MSV Duisburg.

Quellennachweise:

Umschlag: **Philipp Behrendt** (Vorderseite); **Marc Aufdemkamp** (Rückseite)
Marc Aufdemkamp: S. 38, 39, 56 r. Mitte, 56 l.u., 84, 85 l.o., 85 o. Mitte, 144, 173 r.o., **Philipp Behrendt:** S. 85 r.o., r. Mitte, l. Mitte, 172, 173 l.o., 173 l.u., 173 r. Mitte, 173 r.u., **Centrum für Entrepreneurship & Transfer, TU Dortmund:** S. 28; 29 l.o., 29 l.u., 29 r.o., 29 r.u. 64 l.o., 64 l.u., **J.J. Darboven:** S. 57, **Greenflash:** S. 56 r.o., 72, 73 l.o., 73 l.u., 174/175, **Greenlyte Carbon Technologies:** S. 46, 47 r.o., 120/121 (Peter Ortner), **Green Ocean:** S. 47 l.o., 47 r.u., **vGreens:** S. 47 l.u., 56 r.u., **Jens Nieth:** S. 176, **Lukas Schulze:** S. 16/17; 85 l.u., **Christoph Soeder:** S. 56 l.o., **talpasolutions:** S. 73 l. Mitte, 73 r.o., 73, r. Mitte, 73 r.u.,**WORLDFACTORY, Ruhr-Universität Bochum:** S. 29 l.u., 64 l. Mitte, 64 r. Mitte, 64 r.u., **Yeda:** S. 64 r.o., 65, Statistische Angaben S. 114–119: © Startup-Monitor 2024, **Bundesverband Deutsche Startups e.V. (Hg.)**
Portraitfotos: **Archiv BRYCK:** S. 18, **privat:** S. 30, 40, 48, 58, 66, 74, 86, 94, 106, 122, 126, 130, 136

Um den Lesefluss nicht zu stören, wird bei Aufzählungen oder Aneinanderreihungen von Begriffen davon ausgegangen, dass das generische Maskulinum im geschlechtsneutralen Sinne verwendet wird (m/w/d).

Impressum

1. Auflage 2025

Konzeption, Lektorat, Gesamtproduktion:
B&S SIEBENHAAR VERLAG + MEDIEN, Berlin
Umschlaggestaltung, graphische Gestaltung: Visulabor® Berlin/Leipzig
Druck und Bindung: Druckhaus Köthen

Created and produced in Germany
Der Band erscheint im Verlag

B&S SIEBENHAAR VERLAG

ISBN 978-3-949111-22-8
www.siebenhaar-verlag.de